Matemàtiques manipulatives 5

SABERS

Ll. Segarra

Mètode quinzet derive

W0202648

EDUCACIÓ PRIMÀRIA

ProDigi
Proximitat digital a l'aula

ÍNDEX

COMENCEM UN NOU CURS

BUCLES I PATRONS

- Triem tres nombres. Per exemple: 2-3-1.

- Marquem un punt de la quadrícula per començar el bucle de tres accions 2-3-1.

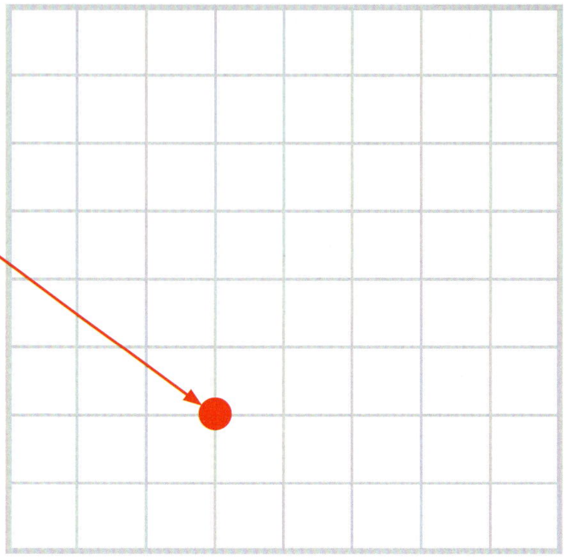

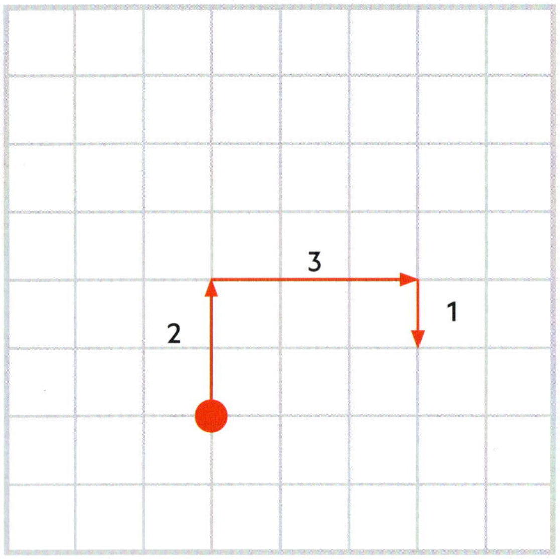

- Tracem línies en espiral girant un quart de volta cap a la dreta després de cada moviment indicat pels 3 nombres successivament:
  - 2 caselles cap endavant.
  - Gir a la dreta.
  - 3 caselles cap endavant.
  - Gir a la dreta.
  - 1 casella cap endavant.
  - Gir a la dreta...

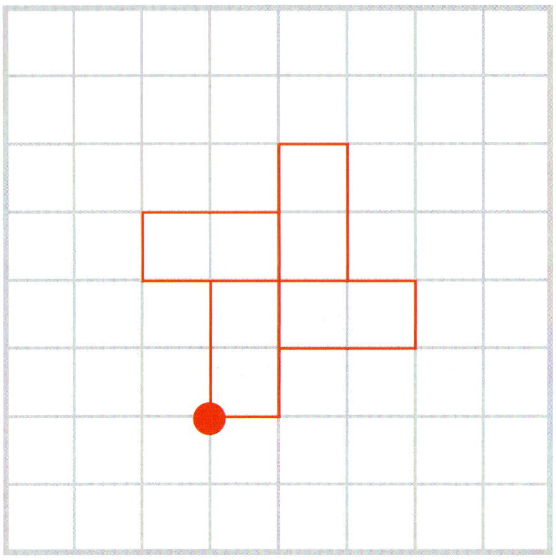

- Continuem traçant línies seguint els patrons fins que tornem al punt d'inici.

- **Sobre un paper quadriculat provem de fer bucles seguint les instruccions que es proposen en aquesta pàgina:**
  - Quins patrons trobem?
  - Podem decorar els bucles que surtin i fer una exposició de les figures que s'han format.

- **En aquesta quadrícula fem el bucle 1-2-4.**

- **En aquesta altra, fem el bucle simètric 4-2-1.**

- **Finalment, fem el bucle 2-4-1.**

- **Per acabar, contestem sobre el que hem investigat:**
  - Què passarà amb un bucle de dues accions?
  - Què passarà amb un bucle de quatre accions?

1

CONEIXEM ELS NOMBRES

EL NOSTRE SISTEMA DE NUMERACIÓ

El nostre sistema de numeració és originari de l'Índia.

Va ser introduït a Europa pels àrabs, cap a l'any 1000.

S'anomena **decimal**, terme que fa referència als deu dits de les mans.

Per escriure nombres, fem servir deu símbols, anomenats **xifres** o **dígits**.

Aquests dígits o xifres són els següents: **0**, **1**, **2**, **3**, **4**, **5**, **6**, **7**, **8** i **9**.

En el sistema de numeració decimal, deu unitats d'un ordre qualsevol sempre formen una unitat de l'ordre immediatament superior.

10 unitats = 1 desena	10 milers = 1 desena de miler
10 desenes = 1 centena	10 desenes de miler = 1 centena de miler
10 centenes = 1 miler	10 centenes de miler = 1 milió

En aquests quadres pots veure com anomenem les unitats fins als bilions:

BILIONS			MILERS DE MILIÓ			MILIONS			MILERS					
C	D	U	C	D	U	C	D	U	C	D	U	C	D	U
centenes de bilió	desenes de bilió	unitats de bilió	centenes de milers de milió	desenes de milers de milió	unitats de milers de milió	centenes de milió	desenes de milió	unitats de milió	centenes de miler	desenes de miler	unitats de miler	centenes	desenes	unitats

El sistema de numeració decimal

Observem les equivalències entre unitats, desenes, centenes i milers.

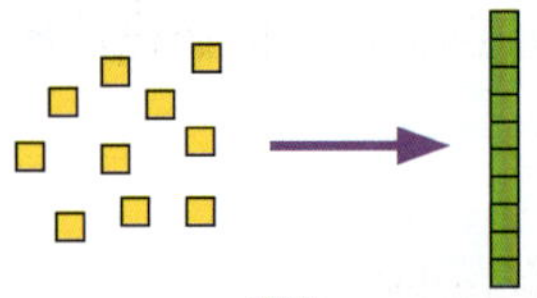

10 unitats = 1 desena

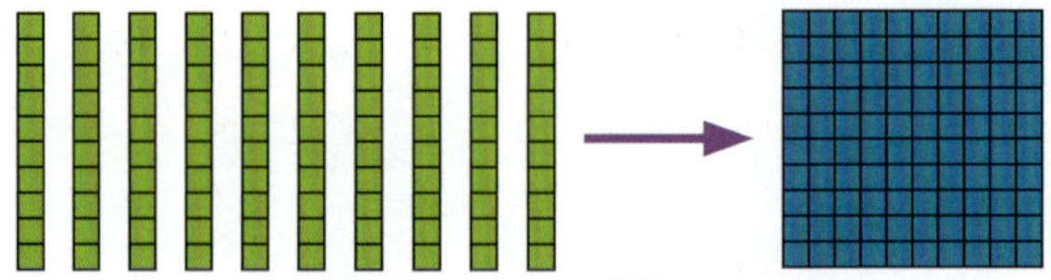

10 desenes = 1 centena

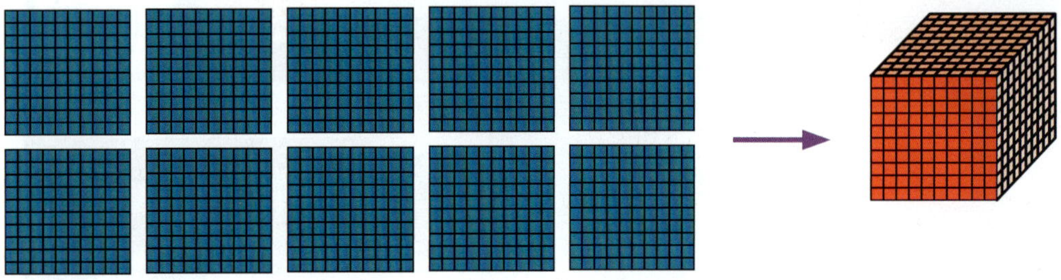

10 centenes = 1 miler

Així doncs, podem representar nombres fent servir aquestes figures:

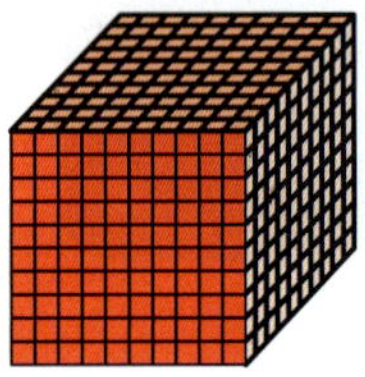

1 miler 1000

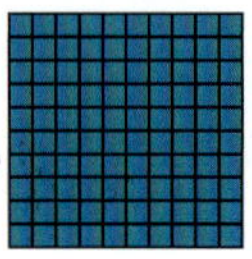

1 centena 100

1 desena 10

1 unitat 1

▶ **Quins serien els nombres corresponents a aquestes representacions?:**

a 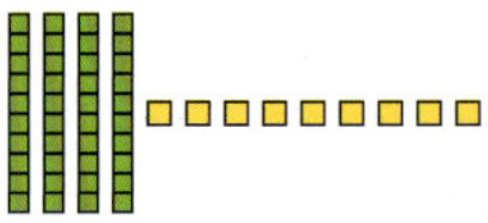

b 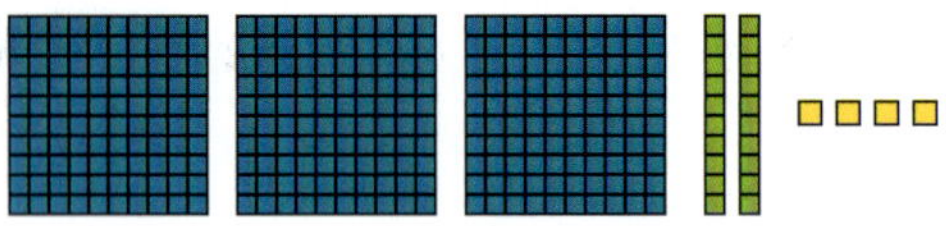

c 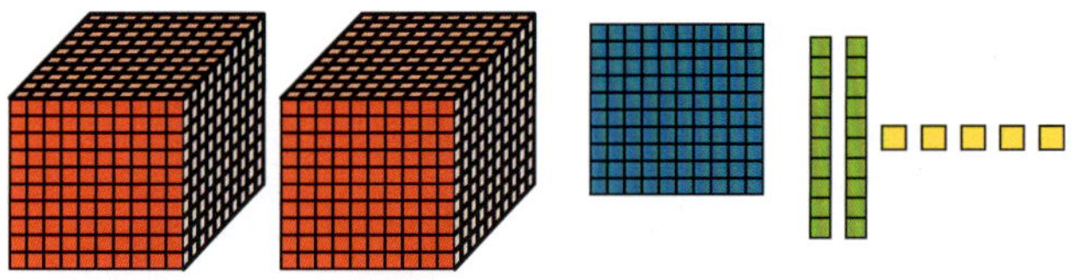

d 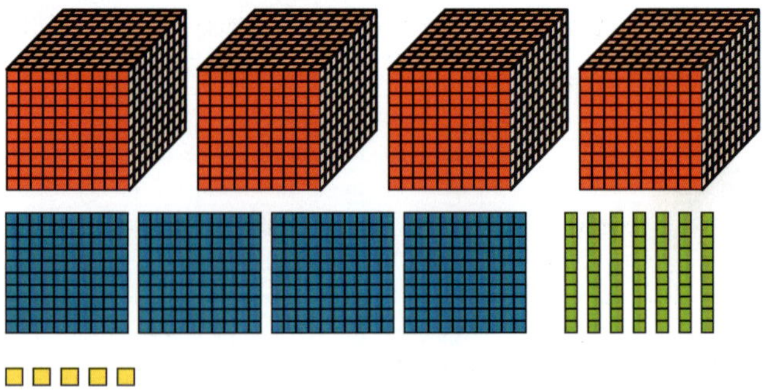

▶ **Quin nombre correspon en cada cas?**

- 5 milers, 2 centenes, 3 desenes i 7 unitats
- 9 milers, 0 centenes, 6 desenes i 2 unitats
- 0 milers, 1 centena, 3 desenes i 5 unitats
- 0 milers, 2 centenes, 0 desenes i 3 unitats

Llegim nombres de moltes xifres

Per llegir nombres de moltes xifres, fem grups de tres xifres començant per la dreta.

Llegim per separat cada grup de tres xifres començant per l'esquerra i afegint, després de cada grup, «bilions», «mil», «milions» i «mil». Després de l'últim grup, no hi afegim res.

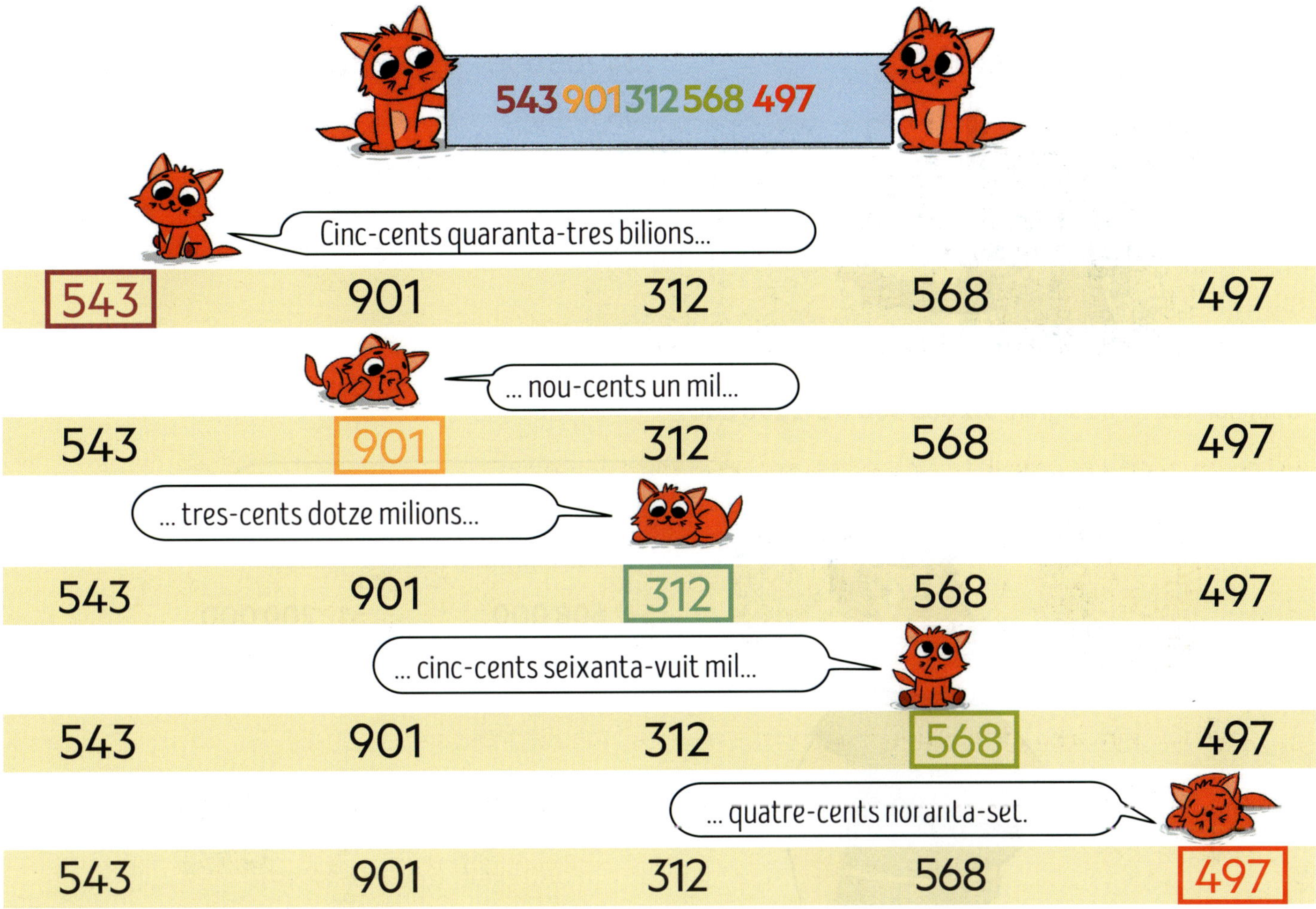

Cinc-cents quaranta-tres bilions nou-cents un mil tres-cents dotze milions cinc-cents seixanta-vuit mil quatre-cents noranta-set.

- **Quants zeros cal posar a la dreta de l'1 per escriure aquests nombres?:**

  cent mil   un milió   un bilió

- **Un nombre entre 4 bilions i 5 bilions, quantes xifres té?**
- **Quants zeros cal escriure a la dreta del nombre 74 914 per tal que el 7 passi a ser la xifra de les centenes de milió?**
- **Escrivim amb xifres el nombre següent:**

  Dos bilions vuit-cents cinquanta mil quatre-cents trenta milions sis-cents vint-i-tres mil quatre.

Comparem nombres de moltes xifres

- Quin nombre és més gran: **234 705 000** o **324 100 000**?

234 705 000 — 324 100 000

234 milions < 324 milions

234 705 000 < 324 100 000

- Quin nombre és més gran: **512 608 000** o **512 200 000**?

512 608 000 — 512 200 000

512 milions = 512 milions

512 608 000 — 512 200 000

608 milers > 200 milers

512 608 000 > 512 200 000

Si comparem dos nombres que tenen una quantitat de xifres diferent, el més gran serà el que té més xifres.

13 489 241 → **8 xifres** **13 489 241 > 57 903**

57 903 → **5 xifres**

El signe > que es posa entre els dos nombres significa **més gran que**.

Si tenim dos nombres amb la mateixa quantitat de xifres, haurem de comparar-los xifra per xifra, començant per l'esquerra.

45 675
xifres iguals
45 691

7 < 9, aleshores: **45 675 < 45 691.**

El signe < que es posa entre els dos nombres significa **més petit que**.

▶ **Quin és el nombre més gran de cada parella?**

4 567 o 3 723	9 901 o 9 929	7 000 o 897
123 000 o 123 111	407 521 o 67 578	12 983 o 86 223
306 001 o 307 006	807 045 o 198 300	36 876 o 627 521

▶ **Quin és el nombre més petit de cada parella?**

3 307 o 1 257	9 901 o 9 929	7 000 o 897
151 410 o 156 181	621 509 o 32 123	32 427 o 32 724
703 025 o 325 214	136 111 o 73 987	180 843 o 628 376

▶ **Quin signe (> o <) cal posar en cada cas?**

27 307 ☐ 1 209	81 206 ☐ 80 309	19 468 ☐ 19 467
232 410 ☐ 232 181	501 430 ☐ 423 198	123 519 ☐ 23 519
323 021 ☐ 314 536	154 532 ☐ 271 660	570 802 ☐ 570 609

Arrodonim nombres

Arrodonir un nombre de dues xifres a la desena més propera és molt fàcil:

67, arrodonit, és 70.

32, arrodonit, és 30.

75, arrodonit, és 80.

Els nombres acabats en 5 s'arrodoneixen sempre a la desena immediatament superior. Així:

75, arrodonit, és 80.

35, arrodonit, és 40.

85, arrodonit, és 90.

Podem fer servir el que sabem sobre l'arrodoniment de nombres de dues xifres per arrodonir nombres de moltes xifres.

Per arrodonir 2 597 643 al miler més proper, hem d'arrodonir el nombre format per la xifra dels milers i la xifra de la seva dreta.

milions	centenes de miler	desenes de miler	unitats de miler	centenes	desenes	unitats
2	5	9	7	6	4	3
			8	0		
2	5	9	8	0	0	0

- **Arrodonim el nombre 34 583 a les centenes.**
- **Arrodonim el nombre 2 456 321 a les centenes de miler.**
- **Arrodonim el nombre 3 701 345 a les unitats de miler (milers).**
- **Arrodonim el nombre 5 781 345 a les desenes de miler.**
- **Arrodonim el nombre 4 679 a les centenes.**

De vegades, quan arrodonim un nombre a les desenes, la xifra de les centenes també canvia.

Per exemple, 97, arrodonit a la desena més propera, és 100.

Per arrodonir nombres de moltes xifres, ens poden ser útils les mateixes estratègies que fem servir en els arrodoniments de nombres de dues xifres.

7	3	9	6	1	5	2	96, arrodonit, és 100.
	4	0	0				396, arrodonit, és 400.
7	4	0	0	0	0	0	7 396 152, arrodonit a les desenes de miler, és 7 400 000.

▶ **Arrodonim els nombres següents a les desenes:**

54 99 499
17 814 783

▶ **Arrodonim els nombres següents als milers:**

671 3 026 84 192
1 754 5 189 39 962

▶ **Arrodonim els nombres següents a les centenes:**

6 701 3 026 32 175
704 6 200 39 962

▶ **Arrodonim els nombres següents a les desenes de miler:**

1 456 014 876 549 36 407 678

▶ **Arrodonim els nombres següents a les unitats de milió:**

9 553 732 3 870 000 5 785 921

Fraccions

> Una **fracció** és un nombre que expressa una part de la unitat.

Expressar una quantitat mitjançant una fracció significa que un total o unitat s'ha dividit en un nombre de porcions iguals.

El pastís del costat, per exemple, s'ha dividit en tres parts iguals.

Cadascuna de les parts del pastís és una tercera part o un terç del pastís i es representa així, en forma de fracció: $\frac{1}{3}$.

Termes d'una fracció

En una fracció hi ha dos nombres anomenats **termes** que s'escriuen l'un sobre l'altre separats per una ratlla horitzontal:

$\frac{1}{3}$ — 1 ⟶ numerador; 3 ⟶ denominador

> El que s'escriu sota la ratlla és el **denominador**, i és el que indica el nombre de parts iguals en què s'ha dividit la unitat.
>
> El que s'escriu damunt de la ratlla és el **numerador**, i és el que indica el nombre de parts que s'agafen de les parts en què s'ha dividit la unitat.

Origen de les fraccions

L'origen de les fraccions és molt remot. Els babilonis, els egipcis i els grecs van deixar proves que coneixien les fraccions. Quan Juan de Luna va traduir al llatí, al segle XII, l'aritmètica d'Al-Khwarizmi, va fer servir el terme *fracció* per traduir la paraula àrab *al-kasr*, que significa 'trencar'; és per això que els nombres fraccionaris també s'anomenen *trencats*.

Fraccions equivalents

Observem els tres formatges del dibuix: si un formatge està partit en 6 trossos i un ratolí n'agafa 3, és el mateix que si està partit en 4 trossos i que n'agafi 2.

També és el mateix que partir el formatge en 2 trossos i agafar-ne 1; en tots els casos el ratolí agafarà mig formatge.

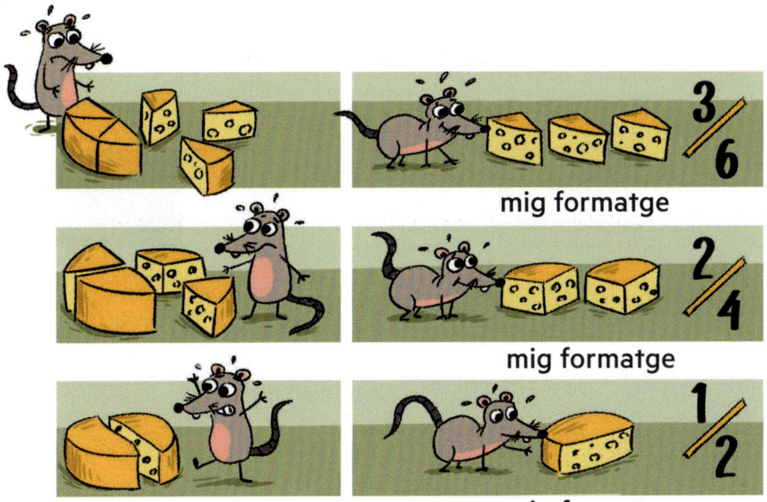

El científic prepara una fórmula en dos recipients. Al recipient de l'esquerra hi posa $\frac{2}{3}$ de fórmula. Al recipient de la dreta hi posa $\frac{4}{6}$ de la fórmula.

Quin dels dos recipients tindrà més quantitat de fórmula?

Observem els dos recipients del científic:

part lila: $\frac{2}{3}$

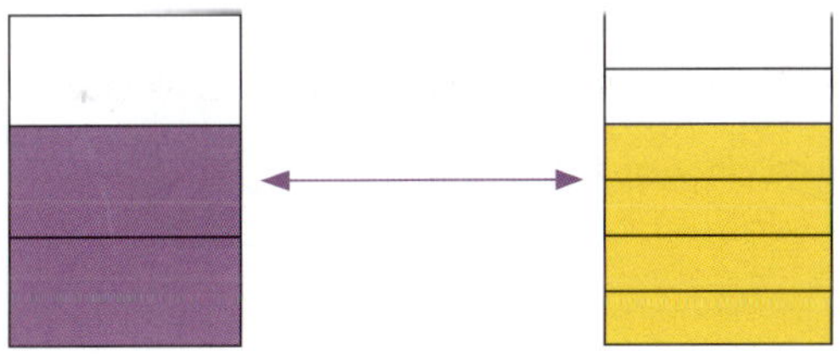

part groga: $\frac{4}{6}$

$$\frac{2}{3} = \frac{4}{6}$$

Les fraccions $\frac{2}{3}$ i $\frac{4}{6}$ representen la mateixa part de dipòsit.

> Les fraccions que representen la mateixa part de la unitat s'anomenen **fraccions equivalents.**

Representem fraccions equivalents

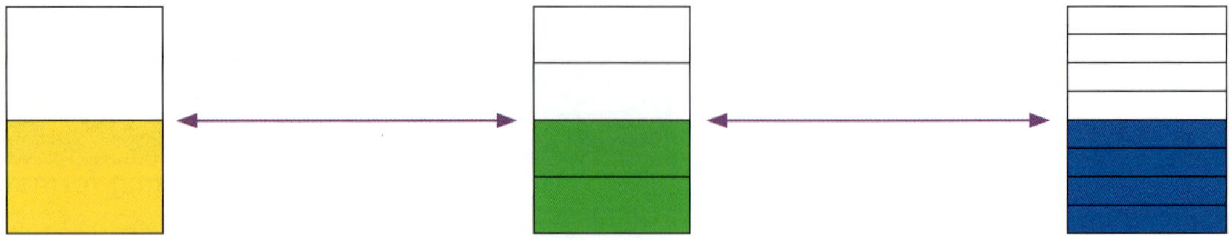

part groga: $\frac{\square}{2}$ part verda: $\frac{2}{\square}$ part blava: $\frac{\square}{8}$

$$\frac{1}{2} = \frac{2}{4} = \frac{4}{8}$$

Podem representar fraccions equivalents a partir de cercles de fraccions.
Un cercle complet representa la **unitat**.

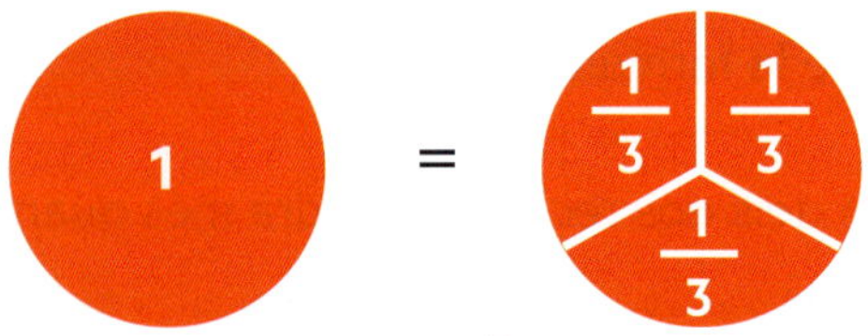

$$1 = \frac{3}{3}$$

▶ Quins nombres falten en cada cas perquè siguin fraccions equivalents?

a

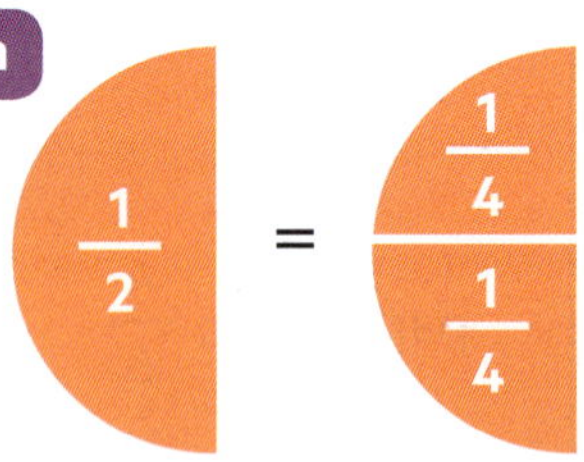

$\frac{1}{2} = \frac{2}{\square}$

b

$\frac{1}{4} = \frac{2}{\square}$

c

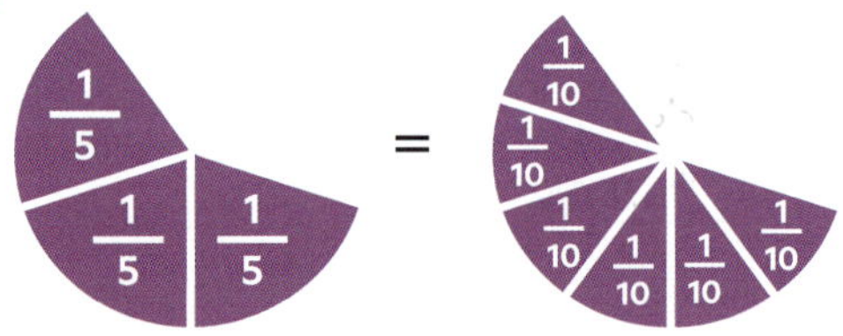

$\frac{3}{5} = \frac{\square}{10}$

d

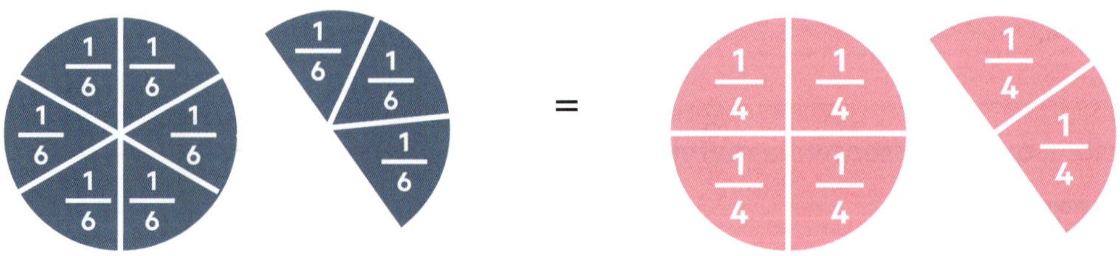

$1\frac{3}{6} = 1\frac{2}{\square}$

Multipliquem per obtenir fraccions equivalents

Observem el dipòsit de sota.

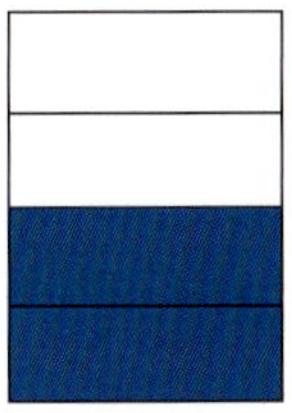

part blava: $\frac{2}{4}$

Dividim cada part en dues:

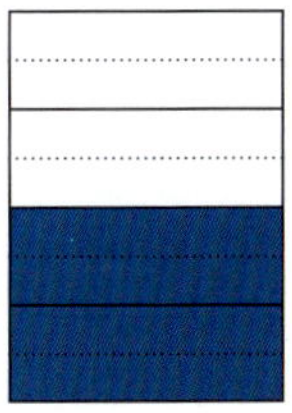

part blava: $\frac{4}{8}$

$\frac{2}{4} = \frac{4}{8}$

- Què ha passat fent 2 divisions de cada part?

	Parts inicials	Parts finals
Part blava	2	2 × 2 = 4
Part total del dipòsit	4	4 × 2 = 8

$\frac{2 \times 2}{4 \times 2} = \frac{4}{8}$

- Què passarà si fem 3 divisions de cada part?

	Parts inicials	Parts finals
Part blava	2	2 × 3 = 6
Part total del dipòsit	4	4 × 3 = 12

$\frac{2 \times \square}{4 \times 3} = \frac{\square}{12}$

Per calcular **fraccions equivalents**, hem de **multiplicar** el numerador i el denominador per un mateix nombre.

Observem les fraccions equivalents a $\frac{5}{3}$:

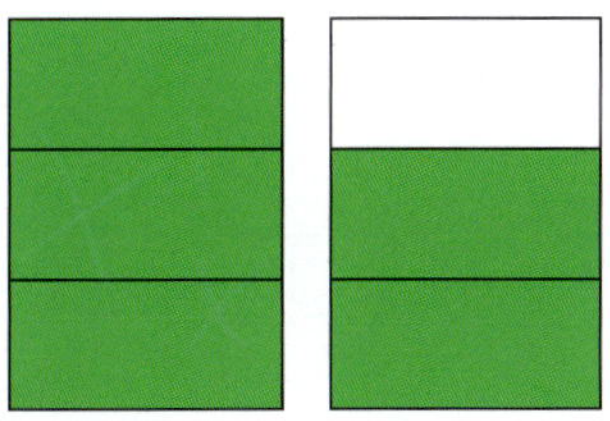

part verda: $\frac{5}{3}$

$\frac{5}{3} = \frac{5 \times 2}{3 \times 2} = \frac{10}{6}$ $\frac{5}{3} = \frac{5 \times 3}{3 \times 3} = \frac{15}{9}$ $\frac{5}{3} = \frac{5 \times 4}{3 \times 4} = \frac{20}{12}$

$\frac{5}{3} = \frac{5 \times 5}{3 \times 5} = \frac{25}{15}$ $\frac{5}{3} = \frac{5 \times 6}{3 \times 6} = \frac{30}{18}$ $\frac{5}{3} = \frac{5 \times 7}{3 \times 7} = \frac{35}{21}$

Dividim per obtenir fraccions equivalents

Observem el dipòsit de sota.

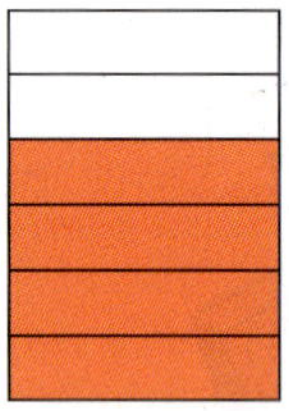

part vermella: $\frac{4}{6}$

De cada 2 divisions, en fem una part.

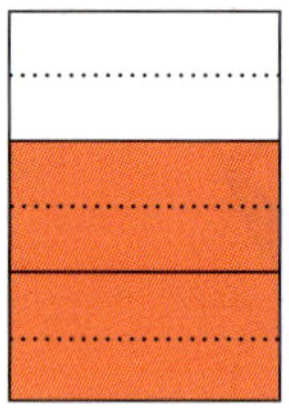

part vermella: $\frac{2}{3}$

$$\frac{4}{6} = \frac{2}{3}$$

	Parts inicials	Parts finals
Part vermella	4	4 : 2 = 2
Part total del dipòsit	6	6 : 2 = 3

$$\frac{4}{6} = \frac{4:2}{6:2} = \frac{2}{3}$$

Podem fer servir la divisió per obtenir fraccions equivalents a $\frac{18}{12}$:

$$\frac{18}{12} = \frac{18:2}{12:2} = \frac{9}{6} \qquad \frac{18}{12} = \frac{18:3}{12:3} = \frac{6}{4} \qquad \frac{18}{12} = \frac{18:6}{12:6} = \frac{3}{2}$$

Per obtenir **fraccions equivalents**, hem de **dividir** el numerador i el denominador per un mateix nombre fins a aconseguir la fracció més petita. Aquesta fracció que obtenim s'anomena **fracció irreductible**.

- **Quina de les fraccions següents és la irreductible? Per què?**

$$\frac{9}{15} \qquad \frac{3}{5} \qquad \frac{4}{8} \qquad \frac{12}{20} \qquad \frac{6}{10}$$

- **Quines fraccions són equivalents?**

$$\frac{1}{3} \qquad \frac{6}{12} \qquad \frac{10}{20} \qquad \frac{6}{10} \qquad \frac{9}{15} \qquad \frac{2}{6} \qquad \frac{2}{7} \qquad \frac{7}{10}$$

Nombres decimals

Els **nombres decimals** ens serveixen per expressar quantitats més petites que la unitat.

A Europa i a la seva zona d'influència la part entera d'un nombre se separa de la seva part decimal amb una coma decimal (**,**); als EUA i zones d'influència s'utilitza el punt (**.**).

Dècimes

Si dividim la unitat en 10 parts iguals, cada part és una dècima:

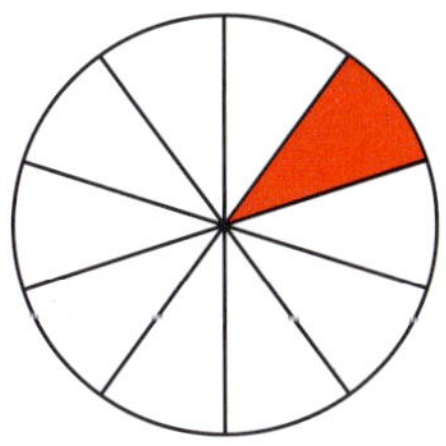

$\frac{1}{10}$ = 0,1 = 1 dècima

Observem aquestes representacions de nombres decimals diferents:

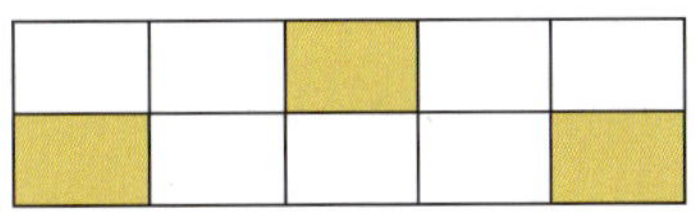

$\frac{3}{10}$ = 0,3 = 3 dècimes

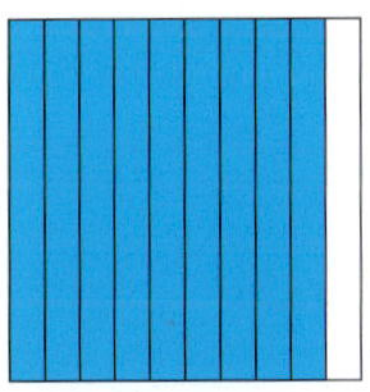

$\frac{9}{10}$ = 0,9 = 9 dècimes

unitats	dècimes
1	6

1,6 = 1 unitat i 6 dècimes

unitats	dècimes
2	4

2,4 = 2 unitats i 4 dècimes

Representació de nombres decimals

Aquestes són diferents maneres de representar un nombre decimal:

1 unitat									
1 dècima	1 dècima	1 dècima	1 dècima	1 dècima	1 dècima	1 dècima	1 dècima	1 dècima	1 dècima

unitats	dècimes
0	1

0,1 = 0 unitats i 1 dècima

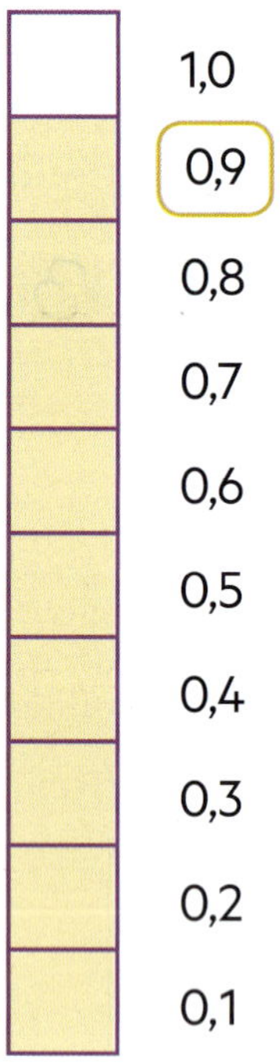

unitats	dècimes
0	9

0,9 = 0 unitats i 9 dècimes

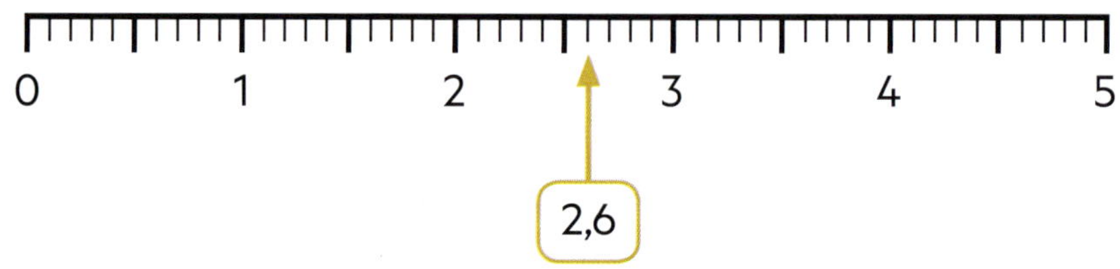

unitats	dècimes
2	6

2,6 = 2 unitats i 6 dècimes

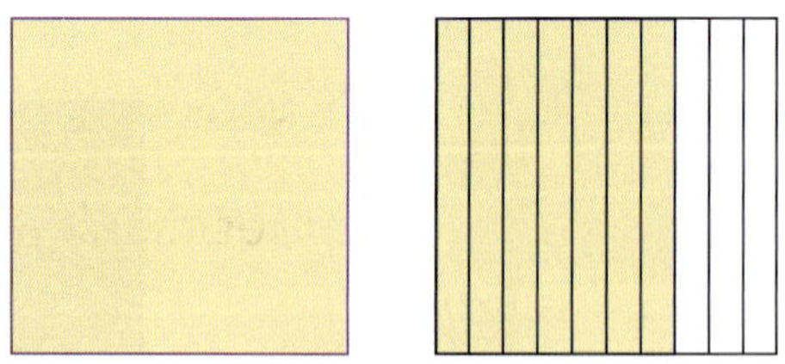

unitats	dècimes
1	7

1,7 = 1 unitats i 7 dècimes

Dècimes, centèsimes i mil·lèsimes

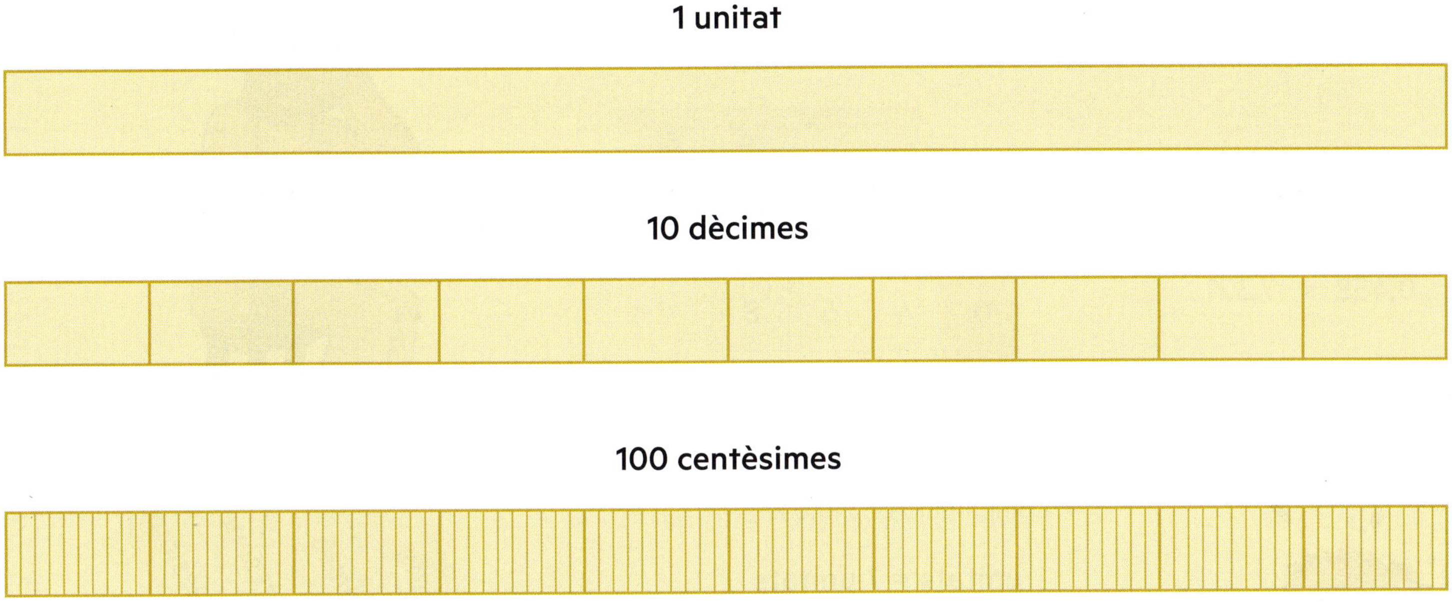

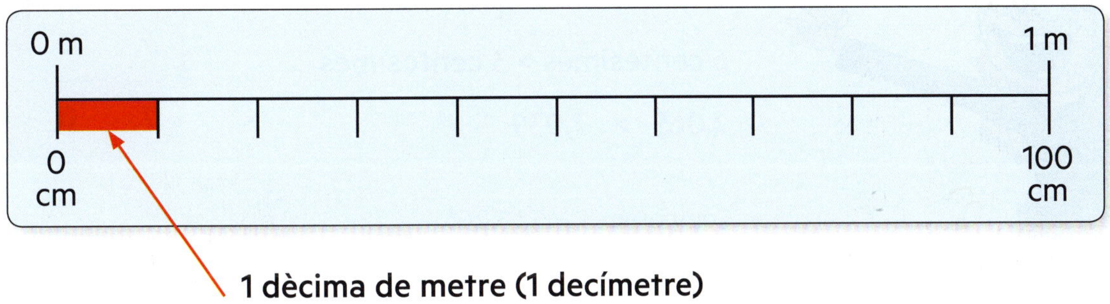

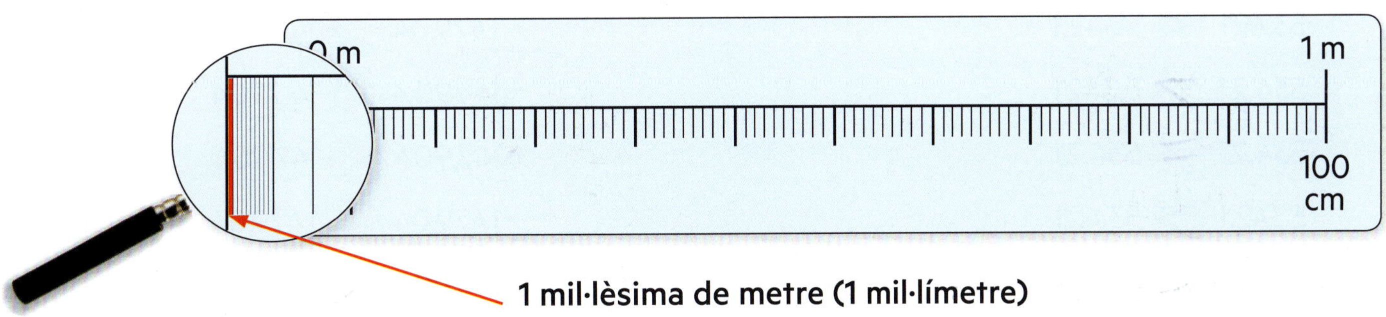

Comparem nombres decimals

Comparar nombres decimals és el mateix que comparar nombres enters.

Per comparar nombres decimals, farem servir els esquemes del costat.

- Comparem 0,458 i 7,321.

  0 unitats < 7 unitats

  0,458 < 7,321

unitats	dècimes	centèsimes	mil·lèsimes
0,	4	5	8
7,	3	2	1

- Comparem 7,065 i 7,039.

  7 unitats = 7 unitats

  0 dècimes = 0 dècimes

  6 centèsimes > 3 centèsimes

  7,065 > 7,039

unitats	dècimes	centèsimes	mil·lèsimes
7,	0	6	5
7,	0	3	9

- Comparem 3,245 i 3,246.

  3 unitats = 3 unitats

  2 dècimes = 2 dècimes

  4 centèsimes = 4 centèsimes

  5 mil·lèsimes < 6 mil·lèsimes

  3,245 < 3,246

unitats	dècimes	centèsimes	mil·lèsimes
3,	2	4	5
3,	2	4	6

▶ **Quin signe (<, > o =) cal posar en cada cas?**

53,421 < 5 342,1

534,21 > 5,3421

534,21 = 534,21

5 342,1 > 53,421

53,421 < 534,21

1 479,04 > 147,904

14 790,4 > 14,7904

147,904 < 147 904

1 479,04 = 1 479,04

14,7904 < 14 790,4

Arrodonim nombres decimals

Per arrodonir nombres decimals, hem de tenir com a referència l'arrodoniment de nombres enters.

Per exemple, si volem arrodonir el nombre decimal 3,751 podem pensar en com ho faríem per arrodonir el nombre enter: 3751, que ens serà més fàcil.

milers	centenes	desenes	unitats
3	7	5	1

unitats	dècimes	centèsimes	mil·lèsimes
3,	7	5	1

3751, arrodonit a	
milers	4000
centenes	3800
desenes	3750

3,751, arrodonit a	
unitats	4
dècimes	3,8
centèsimes	3,75

Observem que, si la darrera xifra decimal és un zero, com en aquest exemple, s'elimina.

- Quines diferències podem observar entre l'arrodoniment de nombres naturals i l'arrodoniment de nombres decimals?
- Per arrodonir el nombre 2,372 a les centèsimes, fem servir aquest esquema:

unitats	dècimes	centèsimes	mil·lèsimes
2,	3	7	2
		7	0
2,	3	7	

72, arrodonit, és 70.
2,372, arrodonit, és 2,37.

- Observem com s'arrodoneix el nombre 45,276 a les dècimes.

4	5,	2	7	6	76, arrodonit, és 100.
		3	0	0	276, arrodonit, és 300.
4	5,	3			45,276, arrodonit, és 45,3.

- Com s'arrodoneix el nombre 17,899 a les centèsimes?
- Araprovem d' arrodonir el nombre 37,837 a les centèsimes, a les dècimes i a les unitats.

▶ **Observem el preu de la nina per resoldre aquestes qüestions:**

– Com podem arrodonir el preu de la nina?

– Representem el preu amb el nombre decimal de diferents maneres:

1. Fent servir diferents quantitats d'aquests bitllets i monedes:

2. Escrivint el preu en una calculadora.

3. Marcant el preu sobre un regle.

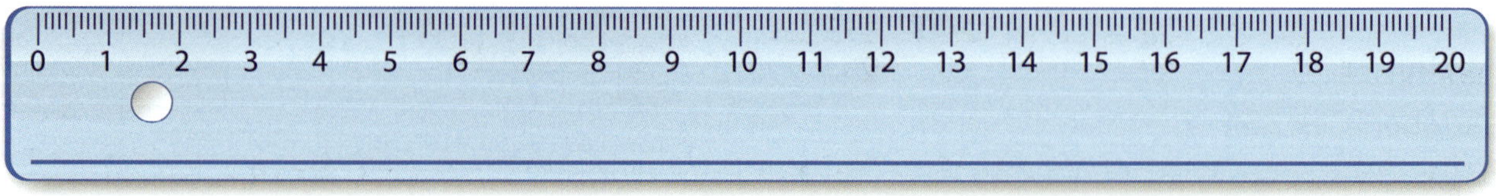

Diagrama de barres

Aquest gràfic indica els litres d'aigua de pluja que han caigut a l'estació meteorològica que tenim al pati de l'escola durant dos trimestres:

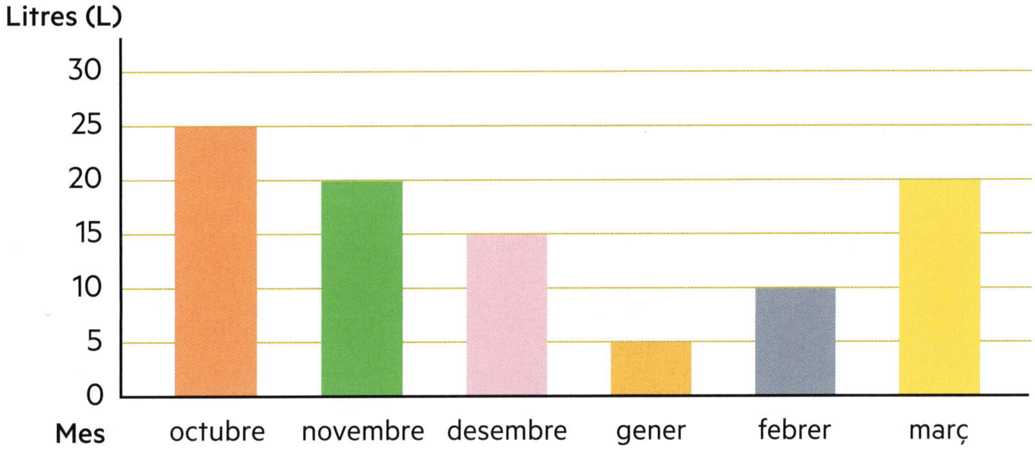

- Completem entre tota la classe la taula segons el que indica el diagrama de barres.

Mes	Litres (L)
octubre	
novembre	
desembre	
gener	
febrer	
març	

En un **diagrama de barres** cal que les barres tinguin la mateixa amplada i que estiguin a la mateixa distància les unes de les altres.

Histogrames

Aquest gràfic indica l'interval de temps (en minuts) que triguen els infants de cinquè a anar des de casa seva fins a l'escola cada matí.

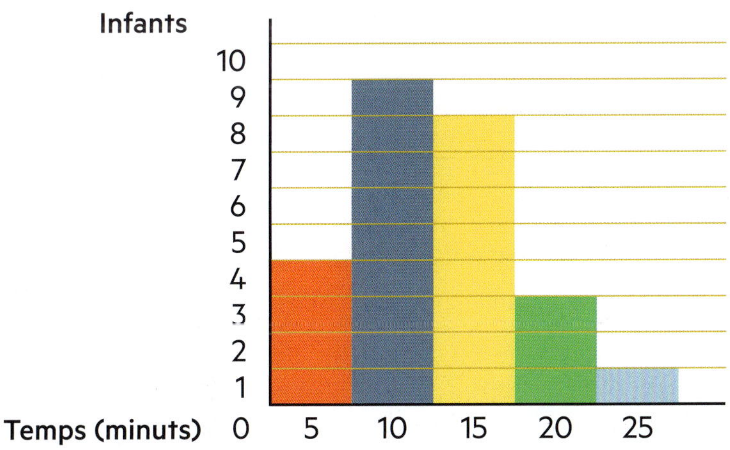

En un **histograma** les barres tenen la mateixa amplada però estan juntes: és així perquè mostren intervals.

- Preparem una breu investigació entre els infants de l'escola per saber el temps que triguen a arribar-hi. Primer recollim les dades en una taula i, després, construïm un histograma sobre aquesta investigació.

Diagrama lineal

A l'escola hem fet un estudi de la temperatura de l'aula d'una setmana.

Cada matí hem mesurat la temperatura ambient i l'hem recollida en una taula de registre.

Dies	Temperatura (C°)
dilluns	17
dimarts	20
dimecres	19
dijous	21
divendres	22

Hem representat les temperatures de la setmana fent servir un diagrama lineal.

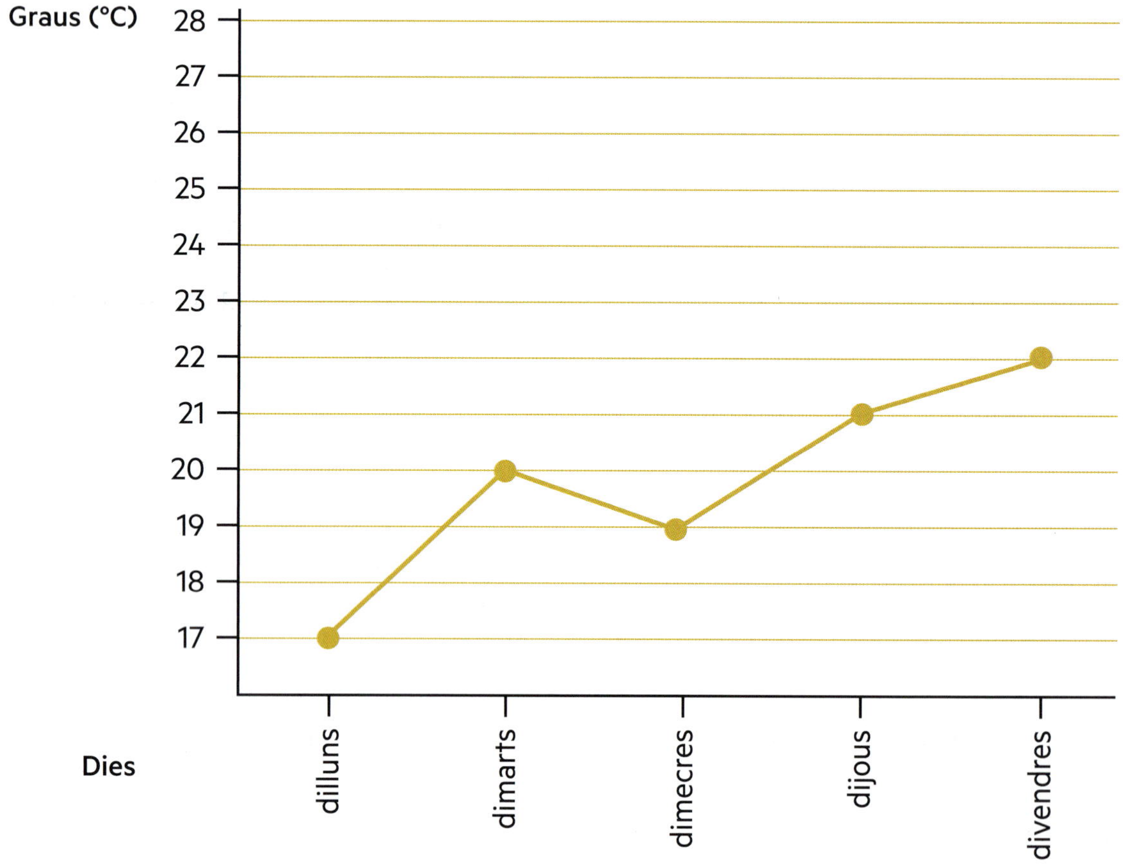

- Quants graus ha pujat la temperatura entre dilluns i dimecres?
- Quina diferència de temperatura hi ha hagut entre dilluns i divendres?

Mitjana aritmètica

A la classe de cinquè hem fet una enquesta sobre les extraescolars que fem.

Hem recollit les dades en un quadre de doble entrada.

Extraescolars	Nombre de persones
taekwondo	2
piscina	4
anglès	4
ceràmica	4
bàsquet	3
teatre	1
música	3

Hem representat les dades fent un diagrama de barres a partir de quadrats de colors.

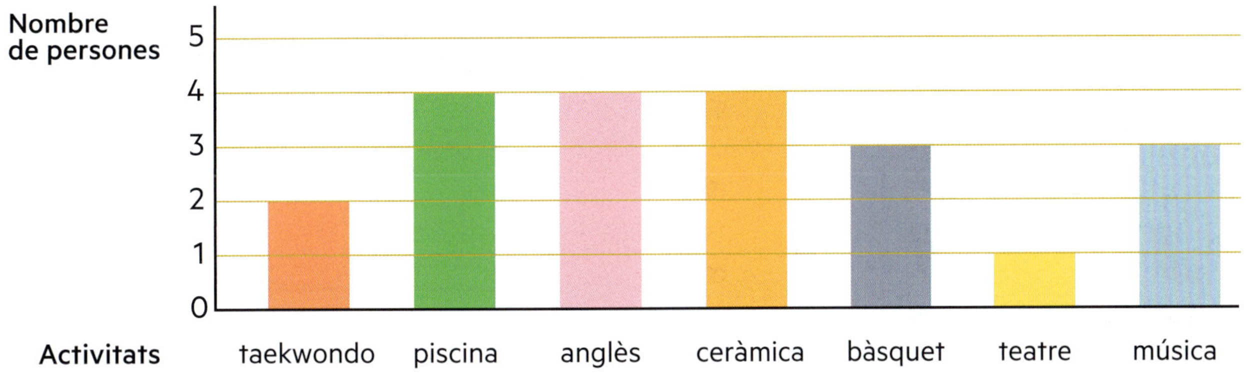

- Si volem saber la mitjana aritmètica d'aquestes dades, hem de moure els quadrats per aconseguir que totes les columnes siguin iguals.

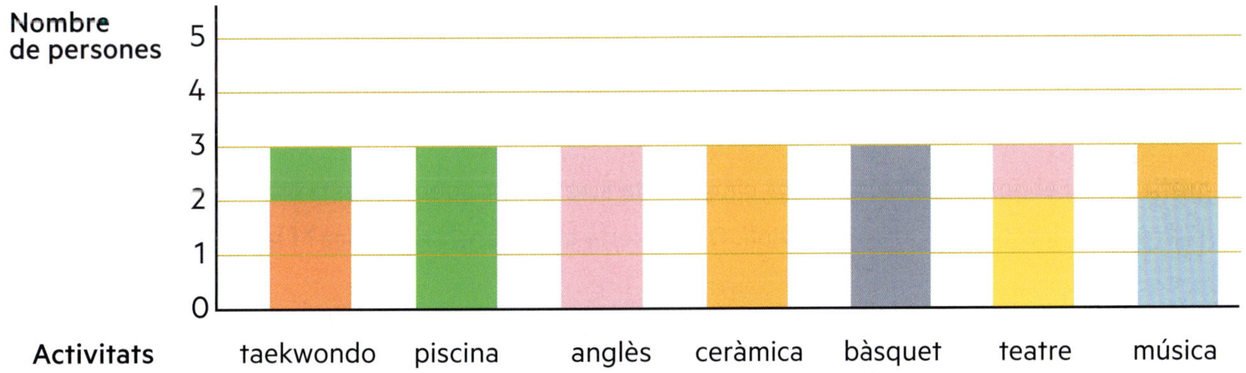

Ara totes les columnes tenen la mateixa altura, és a dir, 3 quadrats.

Per tant, 3 és la mitjana aritmètica de les columnes, és a dir, el nombre mitjà d'alumnes que fan extraescolars.

Per trobar la **mitjana aritmètica** cal fer:

Sumar totes les dades: 2 + 4 + 4 + 4 + 3 + 1 + 3 = 21

Dividir la suma entre el nombre de sumands: 21 : 7 = 3

Moda

A l'escola de la Noa fan una investigació estadística. Volen saber el color preferit de cada infant de la classe de 5è.

Perquè es vegi quin és el color que més agrada, han decidit que cadascú es posi els mitjons del seu color preferit.

La taula de registre de dades que han fet ha donat els resultats que es mostren a la dreta.

Tot seguit, han representat les dades fent servir un gràfic amb pictogrames.

- Quin és el color que es repeteix més vegades?

Color preferit	Nombre de persones
	3
	4
	2
	5
	4
	6

El color que es repeteix més vegades és la **moda** dels colors preferits. En aquest cas, és el color vermell.

▶ **Aquest gràfic recull el nombre d'alumnes de cinquè i de sisè que toquen aquests instruments musicals: saxo, guitarra elèctrica, bateria, clarinet i violí. Quina seria la mitjana aritmètica? I la moda?**

Situació possible, impossible o segura

La Laia i la Carla es preparen per fer un joc de probabilitat.

Preparen un pot i hi posen 6 boles: 3 de vermelles, 2 de blaves i 1 de verda.

La Laia demana a la Carla que, sense mirar, agafi una bola del pot.

- A la Carla li pot sortir:
  - 1 bola blava.
  - 1 bola vermella.
  - 1 bola verda.

Aquesta situació s'anomena **possible.**

Després posen 6 boles vermelles dins del pot.

Ara la Laia demana a la Carla que, sense mirar, tregui una bola.

- La Carla treu una bola que segur que serà vermella.

Aquesta situació és **segura.**

- Podrà treure una bola verda del pot, la Carla?
- I una bola blava?

Aquestes situacions són **impossibles.**

▶ **Ara imaginem que tenim un pot amb 3 boles vermelles, 2 de blaves i 1 de verda. Si traiem 3 boles a la vegada, quines situacions seran segures, possibles o impossibles?**

Situació	Segura	Possible	Impossible

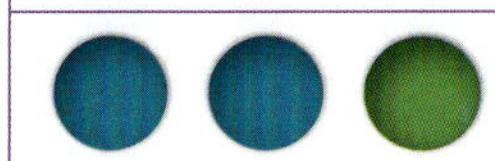			

Probabilitats iguals

La meitat de la ruleta està pintada de color verd, i l'altra, de color taronja.

- Fem girar el clip. A quina part de la ruleta hi ha més probabilitats que s'aturi el clip, a la de color verd o a la de color taronja?
- Si el fem girar 100 vegades, quantes vegades s'aturarà aproximadament el clip a la part verda? I a la part taronja?

Si la meitat de la ruleta és verda, la probabilitat que el clip s'aturi a la part verda és $\frac{1}{2}$.

La probabilitat que el clip s'aturi a la part verda és de la meitat de les vegades.

P (verda) = $\frac{1}{2}$

Això significa que, si movem el clip moltes vegades, aproximadament la meitat de les aturades del clip es produiran a la part verda.

- Quina part de la ruleta està pintada de color taronja?
- Quina probabilitat hi ha que el clip s'aturi a la part taronja?

- Observem aquest recipient amb pilotes de colors:
  - Quantes pilotes hi ha?
  - Quantes pilotes de color groc hi ha?
  - Quantes pilotes de color blau hi ha? I de color verd?
  - Quina part de les pilotes és de color groc?

    $P\,(\text{groc}) = \frac{1}{3}$
  - Quina part de les pilotes és de color blau?

    $P\,(\text{blau}) = \frac{1}{3}$
  - Quina part de les pilotes és de color verd?

    $P\,(\text{verd}) = \frac{1}{3}$

Fixem-nos que la probabilitat que surti de color groc, blau o verd és igual: en aquest cas, $\frac{1}{3}$.

Observem aquest recipient amb piruletes:

- Quina és la probabilitat de treure una piruleta verda?
- I vermella?
- És P (verda) igual a P (vermella)?

Observem la ruleta.

- Quina és la probabilitat que la fletxa es pari a cada zona (vermella, blava i verda)?

  P (vermella) = ☐

  P (blava) = ☐

  P (verda) = ☐

- P (vermella) és igual a P (blava)?
- P (blava) és igual a P (verda)?
- P (vermella) és igual a P (verda)?

Probabilitats no iguals

- Observem les pilotes del recipient i contestem:
  - Quantes pilotes hi ha?
  - Quantes són de color vermell?
  - Quantes són de color groc?

- Podem exemplificar aquesta situació a classe fent diverses extraccions.
  - Si agafem una pilota del recipient, quin dels dos colors té més probabilitats de sortir? Provem-ho repetint moltes vegades la mateixa operació (recordem que s'ha de tornar la pilota al recipient cada vegada).

Per fer la investigació podem omplir una taula de registre com aquesta:

Extraccions	1	2	3	4	5	6	7	8	9	10	11	12	13	14	15	16	17	18	19	20	21	22	23	24	25	26	27	28	29	30
Grogues																														
Vermelles																														

- Fixem-nos que de les 3 boles del recipient, 2 són grogues i 1 és vermella.
  - Quina part de les boles són grogues?
  - Quina part de les boles són vermelles?
  - Quina probabilitat tindrà cada bola de sortir?

$P\,(\text{groga}) = \frac{2}{3}$ $\qquad$ $P\,(\text{vermella}) = \frac{1}{3}$

$\frac{2}{3} = 2 \times \frac{1}{3}$

La **probabilitat** de treure una pilota groga és el **doble** que la de treure una pilota vermella.

▶ **Observem aquest recipient amb piruletes:**

- Quantes piruletes hi ha al pot?
- Quina part de les piruletes és de color verd?

  P (verda) = $\frac{\square}{\square}$

- Quina és la probabilitat de treure una piruleta de color vermell?

  P (vermella) = $\frac{\square}{\square}$

- Quina part de les piruletes és de color groc?

  P (groga) = $\frac{\square}{\square}$

▶ **Tenim tres ruletes en les quals hi ha unes zones pintades de diferents colors.**

- Quina és la probabilitat que la fletxa es pari a la zona vermella de cada una?

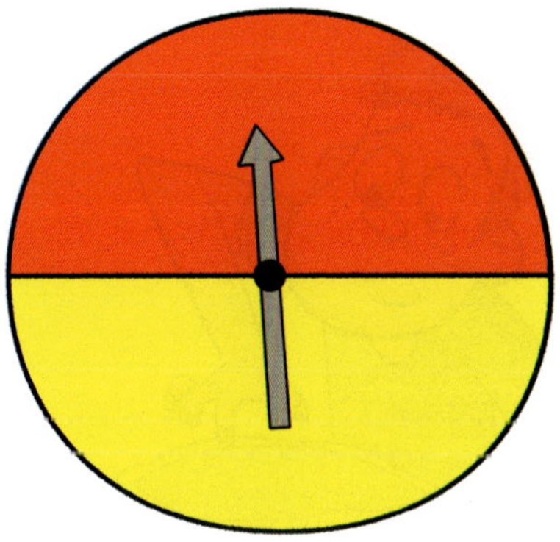

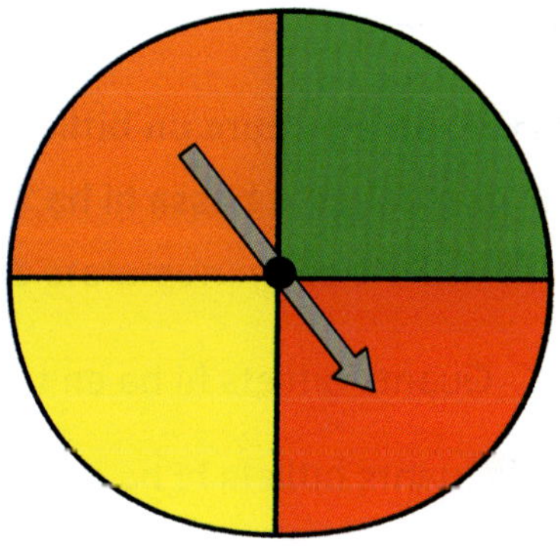

P (vermella) = $\frac{\square}{\square}$ *P* (vermella) = $\frac{\square}{\square}$ *P* (vermella) = $\frac{\square}{\square}$

▶ **Dins del pot hi ha 4 boles blaves i 2 boles de color vermell. Si traiem una bola:**

- Quina probabilitat hi ha que sigui blava?

  P (blava) = $\frac{\square}{\square}$

- Quina probabilitat hi ha que sigui vermella?

  P (vermella) = $\frac{\square}{\square}$

Probabilitats de 0 i 1

- L'Arlet fica una moneda a la màquina de les boles de xiclet.

  La probabilitat que li surti una bola groga és $\frac{1}{7}$.

  – Quina probabilitat hi ha que li surti una bola blava?

  La probabilitat de treure una bola blava és $\frac{0}{7}$ o 0.

  – Quina probabilitat hi ha que li surti una bola vermella, verda o groga?

  P (vermella, verda o groga) = $\frac{7}{7} = 1$

  La probabilitat de treure una bola vermella, verda o groga és $\frac{7}{7}$ o 1.

▶ **L'Èric ha de treure un bitllet de l'interior d'una bossa.**
Dins d'aquesta bossa hi ha 10 bitllets.
Els bitllets estan numerats de l'1 al 10.

– Quants bitllets hi ha en total?

– Quants bitllets hi ha que tinguin el nombre 6?

– Quina part de bitllets representa el 6?

$P(6) = \frac{\square}{10}$

– Quants bitllets hi ha amb un nombre inferior a 5?

– Quina és la probabilitat que surti un bitllet amb un nombre inferior a 5?

P (inferior a 5) = $\frac{\square}{10}$

– Quants bitllets dels que hi ha dins de la bossa tenen el nombre 12?

– Quina és la probabilitat que surti un bitllet amb el nombre 12?

– Quina part representa el 12 en el conjunt de bitllets de la bossa?

$P(12) = \frac{\square}{10} = \square$

▶ **Observem la ruleta per esbrinar les diferents probabilitats.**

P (12) = ▢

P (9) = ▢

P (nombre primer) = ▢

P (18) = ▢

P (inferior a 8) = ▢

P (5, 7 o 12) = ▢

▶ **Observem el recipient amb pilotes per esbrinar les diferents probabilitats que surtin unes boles de color o unes altres.**

P (vermella) = ▢

P (blanca) = ▢

P (blava o blanca) = ▢

P (groga) = ▢

P (blava, blanca, vermella o groga) = ▢

P (verda) = ▢

▶ **En Josep Maria llança un dau de sis cares. Si tres de les cares són per als nombres senars (1, 3 i 5) i les altres tres, per als nombres parells (2, 4 i 6), responem:**

- Quina és la probabilitat que surti un 3?

  P (3) = ▢

- Quina és la probabilitat que surti un nombre parell?

  P (nombre parell) = ▢

- Quina és la probabilitat que surti un nombre senar?

  P (nombre senar) = ▢

- Quina és la probabilitat que surti un 8?

  P (8) = ▢

2

TRANSFORMEM ELS NOMBRES

LA GRAELLA DE PITÀGORES

La **graella de Pitàgores** es fa servir per representar els productes dels primers nombres. Aquesta taula va ser utilitzada pel famós filòsof i matemàtic grec Pitàgores: per aquest motiu també es coneix com a **taula** o **graella pitagòrica**.

La graella pitagòrica és molt útil per memoritzar les taules de multiplicar, ja que s'hi visualitzen de manera molt simple els productes dels primers deu nombres, alhora que mostra clarament patrons, simetries i propietats matemàtiques. Aquest aspecte ens ajuda a memoritzar amb més facilitat les taules de multiplicar.

×	1	2	3	4	5	6	7	8	9	10
1	1	2	3	4	5	6	7	8	9	10
2	2	4	6	8	10	12	14	16	18	20
3	3	6	9	12	15	18	21	24	27	30
4	4	8	12	16	20	24	28	32	36	40
5	5	10	15	20	25	30	35	40	45	50
6	6	12	18	24	30	36	42	48	54	60
7	7	14	21	28	35	42	49	56	63	70
8	8	16	24	32	40	48	56	64	72	80
9	9	18	27	36	45	54	63	72	81	90
10	10	20	30	40	50	60	70	80	90	100

La graella pitagòrica té columnes i files on se situen els factors.

A l'interior de la taula, les caselles que fan intersecció entre la fila i la columna corresponent contenen el resultat de cada producte.

×	1	2	3	4	5	6	7	8	9	10
1	1	2	3	4	5	6	7	8	9	10
2	2	4	6	8	10	12	14	16	18	20
3	3	6	9	12	15	18	21	24	27	30
4	4	8	12	16	20	24	28	32	36	40
5	5	10	15	20	25	30	35	40	45	50
6	6	12	18	24	30	36	42	48	54	60
7	7	14	21	28	35	42	49	56	63	70
8	8	16	24	32	40	48	56	64	72	80
9	9	18	27	36	45	54	63	72	81	90
10	10	20	30	40	50	60	70	80	90	100

Trobem patrons

Si pintem les caselles dels productes que tinguin nombres acabats en 1, obtindrem aquesta imatge:

×	1	2	3	4	5	6	7	8	9	10
1	**1**	2	3	4	5	6	7	8	9	10
2	2	4	6	8	10	12	14	16	18	20
3	3	6	9	12	15	18	**21**	24	27	30
4	4	8	12	16	20	24	28	32	36	40
5	5	10	15	20	25	30	35	40	45	50
6	6	12	18	24	30	36	42	48	54	60
7	7	14	**21**	28	35	42	49	56	63	70
8	8	16	24	32	40	48	56	64	72	80
9	9	18	27	36	45	54	63	72	**81**	90
10	10	20	30	40	50	60	70	80	90	100

- Investiguem per grups quins patrons obtindrem pintant tots els productes acabats en 2, en 3, etc., fins als productes acabats en 9.
  - Expliquem els resultats obtinguts entre tota la classe.

- Observem les regularitats de la diagonal central. Continuem fins a arribar a 100.

×	1	2	3	4	5	6	7	8	9	10
1	**1**	2	3	4	5	6	7	8	9	10
2	2	**4**	6	8	10	12	14	16	18	20
3	3	6	**9**	12	15	18	21	24	27	30
4	4	8	12	**16**	20	24	28	32	36	40
5	5	10	15	20	**25**	30	35	40	45	50
6	6	12	18	24	30	**36**	42	48	54	60
7	7	14	21	28	35	42	**49**	56	63	70
8	8	16	24	32	40	48	56	**64**	72	80
9	9	18	27	36	45	54	63	72	**81**	90
10	10	20	30	40	50	60	70	80	90	**100**

1
$1 + 3 = 4$
$4 + 5 = 9$
$9 + 7 = 16$
$16 + 9 = 25$

- Investiguem les regularitats de les diagonals simètriques d'aquestes graelles.
  - Argumentem els patrons trobats i els comentem entre tots.
  - Hi ha patrons en altres diagonals?

×	1	2	3	4	5	6	7	8	9	10
1	1	2	**3**	4	5	6	7	8	9	10
2	2	4	6	**8**	10	12	14	16	18	20
3	**3**	6	9	12	**15**	18	21	24	27	30
4	4	**8**	12	16	20	**24**	28	32	36	40
5	5	10	**15**	20	25	30	**35**	40	45	50
6	6	12	18	**24**	30	36	42	**48**	54	60
7	7	14	21	28	**35**	42	49	56	**63**	70
8	8	16	24	32	40	**48**	56	64	72	**80**
9	9	18	27	36	45	54	**63**	72	81	90
10	10	20	30	40	50	60	70	**80**	90	100

- Observem la darrera imatge. Hem col·locat una finestra en forma de creu sobre la quadrícula de la graella pitagòrica.
  - Quin patró observem entre els cinc nombres interiors de la finestra?
  - Movem la finestra i busquem altres patrons.
  - Exposem els resultats obtinguts i, entre tots, argumentem els patrons que hem trobat en les recerques.

×	1	2	3	4	5	6	7	8	9	10
1	1	2	**3**	4	5	6				10
2	2	4	6	**8**	10			16		
3	**3**	6	9	12	**15**		21	24	27	
4	4	**8**	12	16	20			32		
5	5	10	**15**	20	25	30				50
6	6	12	18	**24**	30	36	42	**48**	54	60
7	7	14	21	28	**35**	42	49	56	**63**	70
8	8	16	24	32	40	**48**	56	64	72	**80**
9	9	18	27	36	45	54	**63**	72	81	90
10	10	20	30	40	50	60	70	**80**	90	100

L'operació de sumar

Un supermercat ven, en una setmana, 4 021 ampolles d'aigua i 2 534 ampolles de suc.

- Quantes ampolles d'aigua i de suc ven en total?

Per fer aquest càlcul cal que fem servir l'operació de sumar, que té aquestes característiques:

		4 0 2 1	← sumand
	+	2 5 3 4	← sumand
suma →		5 5 5 5	

Propietats de la suma

Propietat commutativa

> Si en una suma es canvia l'ordre dels sumands, el resultat sempre és el mateix.

- Observem aquestes sumes canviant d'ordre els sumands:

$$6 + 4 + 8 = 18$$
$$8 + 6 + 4 = 18$$
$$4 + 8 + 6 = 18$$
$$6 + 8 + 4 = 18$$
$$8 + 4 + 6 = 18$$
$$4 + 6 + 8 = 18$$

La suma i el zero

> Si sumem 0 a un nombre, el resultat sempre és el mateix nombre.

En una suma, el zero és l'únic nombre que, sumat a un altre nombre, fa que el resultat no variï.

- Observem aquestes sumes que tenen com a sumand el nombre 0:

$$12 + 0 = 12$$
$$24 + 0 + 6 = 30 \longrightarrow 24 + 6 = 30$$

Propietat associativa

> Si en una suma s'agrupen dos o més sumands i se substitueixen per la seva suma, el resultat final no varia.

- A la classe de quart hi ha 23 alumnes, a la de cinquè n'hi ha 26 i a la de sisè, 20. Quants alumnes hi ha entre les tres classes?

  Si apliquem la propietat associativa, podem resoldre el problema de maneres diferents:

  23 + 26 + 20 → 49 + 20 → 69

  23 + 26 + 20 → 23 + 46 → 69

  – Quina de les dues maneres de resoldre el problema t'ha resultat més fàcil?

Els parèntesis

> Fem servir els parèntesis per indicar quina operació s'ha de fer primer.

- Observem aquesta suma: (23 + 26) + 20 = 49 + 20

  Així, en aquesta suma, els parèntesis indiquen que primer hem de fer 23 + 26 i després sumar el resultat a 20.

- Observem aquesta altra suma: 23 + (26 + 20) = 23 + 46

  En aquesta altra, els parèntesis indiquen que primer hem de fer 26 + 20 i després sumar el resultat a 23.

▶ **Calculem aquestes sumes de les dues maneres diferents que hem vist:**

87 + 24 + 13 = ▢ 16 + 14 + 34 = ▢ 24 + 26 + 12 = ▢

24 + 16 + 22 = ▢ 16 + 33 + 44 = ▢ 15 + 35 + 26 = ▢

▶ **Fem aquestes operacions tenint en compte els parèntesis:**

(13 + 7) + 12 = ▢ (28 + 12) + 15 = ▢ 25 + 30 + (36 + 4) = ▢

9 + (8 + 2) + 6 = ▢ 15 + (56 + 44) = ▢ 13 + (40 + 20) = ▢

2 TRANSFORMEM ELS NOMBRES Suma i resta

L'operació de restar

Per una autopista hi passen, durant dotze hores, 6 953 camions i turismes.

Si sabem que hi han passat 2 432 camions, quants turismes ho han fet en aquest interval de temps?

	6 9 5 3	← minuend
	− 2 4 3 2	← subtrahend
diferència →	4 5 2 1	

Comprovació del resultat d'una resta

La població d'Alemanya és de 83 155 031 habitants i la d'Espanya, de 47 394 223. Quina diferència de població hi ha entre Alemanya i Espanya?

Població d'Alemanya: 83 155 031	
Població d'Espanya: 47 394 223	diferència

Observem l'esquema. Per obtenir la diferència de població entre Alemanya i Espanya, fem la resta següent:

83 155 031	← població d'Alemanya
− 47 394 223	← població d'Espanya
35 760 808	← diferència de població

El resultat d'una resta es pot comprovar amb dos procediments diferents.

1r procediment

Sumem el subtrahend i la diferència per comprovar aquesta resta:

minuend	83 155 031	→	47 394 223
subtrahend	− 47 394 223	→	+ 35 760 808
diferència	35 760 808	→	83 155 031

La prova de la resta consisteix a comprovar que la suma del subtrahend i la diferència és igual al minuend.

2n procediment

Restem la diferència del minuend per comprovar aquesta resta:

minuend	83 155 031	→	83 155 031
subtrahend	− 47 394 223	→	− 35 760 808
diferència	35 760 808	→	47 394 223

La prova de la resta consisteix a comprovar que la resta de la diferència del minuend és igual al subtrahend.

- Resolem les restes fent servir els dos procediments per comprovar que els resultats són correctes.

  3 456 − 1 624 = ___   5 360 − 4 037 = ___   359 − 222 = ___

- Trobem el minuend que falta a cadascuna de les restes.

___	___	___
− 4 037	− 359	− 6 308
1 323	2 319	426

- Trobem el subtrahend que falta a cadascuna de les restes.

8 732	5 461	5 694
− ___	− ___	− ___
5 981	4 507	2 480

2 TRANSFORMEM ELS NOMBRES
Suma i resta

Estimar resultats de sumes

A la botiga de caramels de la Carme hi ha 3 497 caramels de goma i 2 715 caramels durs. Quants caramels té en total la Carme a la seva botiga?

- La Lia, per fer aquest problema, suma les dues quantitats.

$$\begin{array}{r} 3\,497 \\ +\ 2\,715 \\ \hline 6\,212 \end{array}$$

- La Rosa, per fer aquest problema, arrodoneix els dos sumands a la centena més propera.

$$\begin{array}{r} 3\,497 \\ +\ 2\,715 \\ \hline \end{array} \longrightarrow \begin{array}{r} 3\,500 \\ +\ 2\,700 \\ \hline 6\,200 \end{array}$$

El resultat exacte d'aquest problema és 6 212 caramels, i el resultat arrodonit és 6 200.

Arrodonim les sumes a la desena més propera. Després, comprovem els resultats fent les operacions exactes.

246 + 347 = ☐ 459 + 237 = ☐ 638 + 647 = ☐

834 + 382 = ☐ 393 + 195 = ☐ 379 + 189 = ☐

Arrodonim les sumes a la centena més propera. Després, comprovem els resultats fent les operacions exactes.

4 854 + 2 146 = ☐ 2 445 + 2 212 = ☐ 6 538 + 2 546 = ☐

7 826 + 1 584 = ☐ 3 313 + 1 694 = ☐ 4 163 + 1 619 = ☐

Estimar resultats de restes

Quants caramels més de goma que caramels durs té la Carme a la seva botiga?

caramels de goma = 3 497

caramels durs = 2 715

Per resoldre aquest problema, fem l'operació 3 497 − 2 715.

- La Lia, per fer aquest problema, resta les dues quantitats.

$$\begin{array}{r} 3\,497 \\ -\ 2\,715 \\ \hline 782 \end{array}$$

- La Rosa, per fer aquest problema, arrodoneix el minuend i el subtrahend a la centena més propera.

$$\begin{array}{r} 3\,497 \\ -\ 2\,715 \\ \hline \end{array} \longrightarrow \begin{array}{r} 3\,500 \\ -\ 2\,700 \\ \hline 800 \end{array}$$

El resultat exacte d'aquest problema és 782 caramels, i el resultat arrodonit és 800.

Arrodonim les restes a la desena més propera. Després, comprovem els resultats fent les operacions exactes.

546 − 246 = ___ 568 − 236 = ___ 438 − 329 = ___

634 − 391 = ___ 373 − 338 = ___ 867 − 246 = ___

Arrodonim les restes a la centena més propera. Després, comprovem els resultats fent les operacions exactes.

4 552 − 2 573 = ___ 5 481 − 2 346 = ___ 1 435 − 1 316 = ___

4 652 − 3 447 = ___ 3 671 − 3 627 = ___ 6 842 − 3 453 = ___

Una altra manera de multiplicar

Aquesta és una manera de multiplicar molt original.

Multiplicarem 12 × 543.

12 × 543	
12	543

Fem dues columnes. A l'esquerra escrivim el factor més petit, i a la dreta, el més gran.

: 2 | × 2

12 × 543	
12	543
6	1086

A la columna de l'esquerra escrivim els resultats de dividir per 2.

A la columna de la dreta escrivim els resultats de multiplicar per 2.

: 2

12 × 543	
12	543
6	1086
3	2172
1	4344

Continuem així fins a arribar al resultat 1 a la columna de l'esquerra.

Si surt un nombre senar, en restem 1 per poder continuar dividint per 2.

: 2 | × 2

12 × 543	
~~12~~	~~543~~
~~6~~	~~1086~~
3	2172
1	4344

Ratllem les files que tinguin el primer nombre parell (el de la columna de l'esquerra).

$$\begin{array}{r} 2172 \\ +\ 4344 \\ \hline 6516 \end{array}$$

Sumem els nombres no ratllats de la columna de la dreta.

$$\begin{array}{r} 543 \\ \times\ \ 12 \\ \hline 1086 \\ 543 \\ \hline 6516 \end{array}$$

Comprovem si el resultat de la suma és igual al resultat de la multiplicació.

Multiplicació per dues xifres

En Guillem posa caixes de fruita a la seva parada. A cada caixa hi ha 18 pomes. Si disposa de 23 caixes, quantes pomes tindrà en total?

23 caixes, 18 pomes a cada caixa → 23 grups de 18

- Per fer aquesta multiplicació, en Guillem fa el càlcul següent:

1 En 3 caixes:

```
   18
×  23
   54   ← 18 × 3
```

2 En 20 caixes:

```
   18
×  23
   54
  360   ← 18 × 20
```

3 En 23 caixes:

```
   18
×  23
   54
  360
  414   ← 18 × 23
```

- En Guillem també fa la multiplicació d'aquesta altra manera:

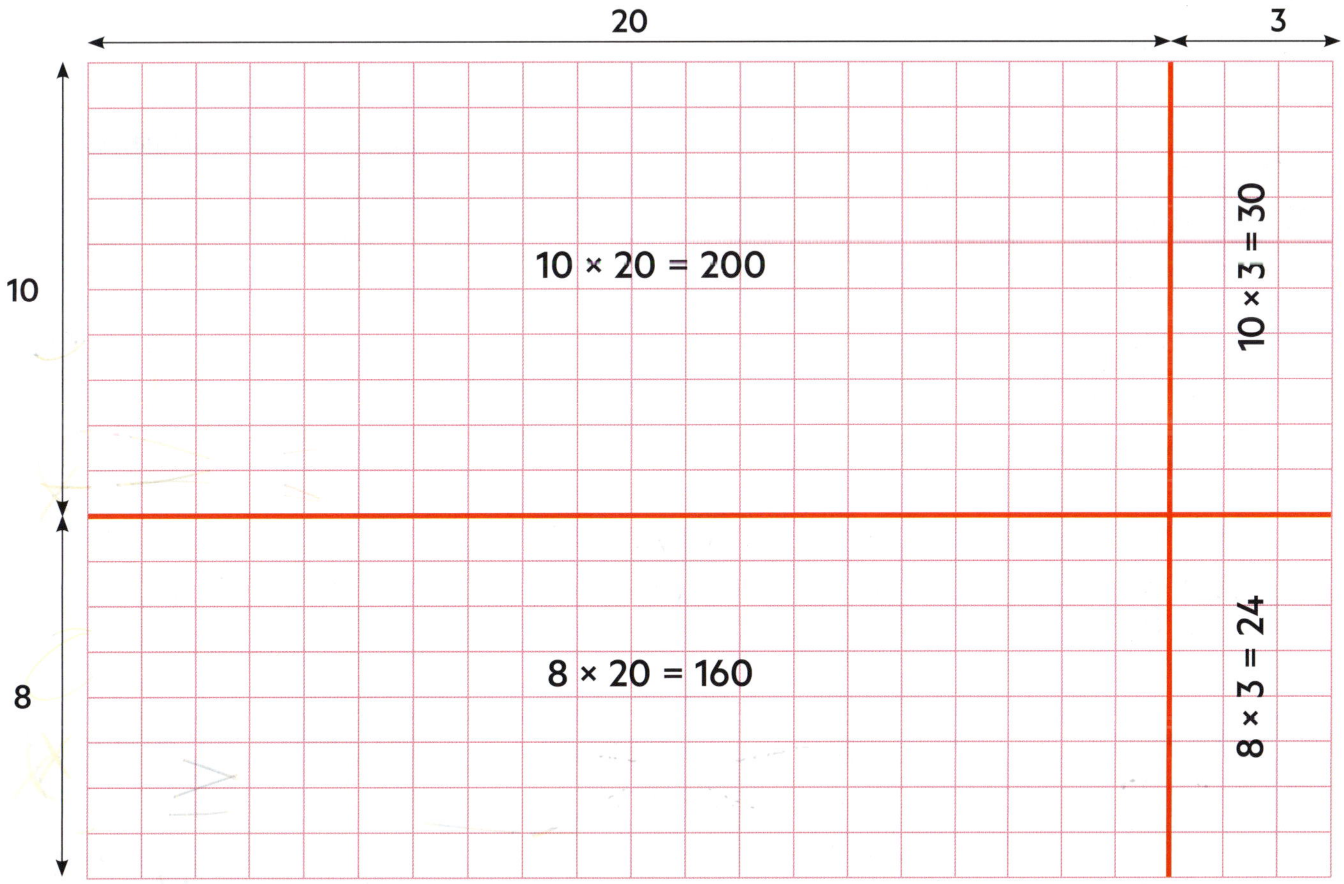

200 + 160 + 30 + 24 = 414

Propietats de la multiplicació

Propietat commutativa

- Quantes boles hi ha?

  Hi ha 3 gots.

  A cada got hi ha 2 boles.

  En total **hi ha 6 boles**.

$3 \times 2 = 6$

- Quantes boles hi ha?

  Hi ha 2 gots.

  A cada got hi ha 3 boles.

  En total **hi ha 6 boles**.

$2 \times 3 = 6$

Si en una multiplicació es canvia l'ordre dels factors, el producte no varia.

$3 \times 2 = 2 \times 3$

Multiplicació per zero

- Quantes boles hi ha?

  Hi ha 4 gots.

  A cada got hi ha 0 boles.

  En total **hi ha 0 boles**.

$4 \times 0 = 0$

Si un dels factors d'una multiplicació és 0, el resultat també és 0.

Propietat associativa

Un tren té 3 vagons. A cada vagó hi poden anar 50 viatgers. Quina capacitat per a viatgers tindran 4 trens iguals?

Per contestar aquesta pregunta, cal fer la multiplicació següent: **3 × 50 × 4**

Tenim diferents maneres de calcular-ho:

3 × 50 × 4	3 × 50 × 4	3 × 50 × 4
150 × 4	3 × 200	12 × 50
600	600	600

- Observem que el resultat és el mateix de les tres maneres.

> **Si en una multiplicació s'agrupen dos o més factors i se substitueixen pel seu producte, el resultat final no varia.**

Propietat distributiva

La Berta té 3 recipients amb 2 boles grogues i 4 de vermelles a cadascun. Quantes boles té la Berta en total?

- Observem les dues maneres com la Berta calcula el nombre total de boles.

boles grogues		boles vermelles		boles que hi ha a cada got		nombre de gots
2 × 3	+	4 × 3		(2 + 4)	×	3
6	+	12 = 18		6	×	3 = 18

La Berta aconsegueix el mateix resultat de les dues maneres.

> **Per multiplicar una suma per un nombre, es pot multiplicar cada sumand per aquest nombre, i després sumar els productes obtinguts.**

Multipliquem amb zeros

Un vaixell porta una mitjana de 426 passatgers en cada viatge. Quantes persones transporta durant un any si fa 302 viatges?

1 Multipliquem per 2.

```
  426
× 302
  852
```

2 Multipliquem per 3 desplaçant tants espais com zeros hi hagi.

```
   426
 × 302
   852
1278
```

3 Sumem els productes parcials.

```
   426
 × 302
   852
1278
128652
```

Multiplicació per un nombre seguit de zeros

A la botiga de la Marina hi ha molts llapis de colors. Té 34 caixes de 80 llapis de colors i 29 caixes de 50. Quants llapis de colors té en total?

34 × 80 → 2720

29 × 50 → 1450

2720 + 1450 = 4170

Per multiplicar un nombre per un altre seguit de zeros es multipliquen els nombres sense tenir en compte els zeros i després s'afegeixen al resultat els zeros que no s'han tingut en compte.

Arrodonim factors

En Martí té 497 paquets de llaunes de refresc al magatzem. Si en cada paquet hi ha 8 llaunes de refresc, quantes llaunes té al magatzem?

Multiplicació exacta:

497 × 8

$$\begin{array}{r} 497 \\ \times \quad 8 \\ \hline 3976 \end{array}$$

En Martí té 3 976 llaunes de refresc.

Multiplicació arrodonida

497, arrodonit a les centenes, és 500.

500 × 8 = 4 000

En Martí té, aproximadament, 4 000 llaunes de refresc.

Podem fer servir l'arrodoniment per estimar el resultat d'un producte.

▶ **Estimem el resultat dels productes arrodonint-ne els factors. Després, en comprovem el resultat fent les operacions exactes.**

$$\begin{array}{r} 83 \\ \times \; 24 \\ \hline \end{array} \qquad \begin{array}{r} 313 \\ \times \; 52 \\ \hline \end{array} \qquad \begin{array}{r} 157 \\ \times \; 63 \\ \hline \end{array}$$

Situacions de multiplicació i divisió

Situació 1

A la cuina hi ha preparats 25 plats per a la classe de 5è. A cada plat hi han posat 4 croquetes.

Quantes croquetes hi han posat en total?

En aquesta situació podem distingir tres aspectes:

- entrada a la situació → 25 plats
- transformació/canvi → 1 plat el canviem per 4 croquetes
- sortida de la situació → 100 croquetes

Representem gràficament la situació:

	ENTRADA	CANVI	SORTIDA
Situació de multiplicació	25 plats →	$\frac{\text{4 croquetes}}{\text{1 plat}}$ →	100 croquetes

$$25 \times \frac{4}{1} = 100$$

$$25 \times 4 = 100$$

	ENTRADA	CANVI	SORTIDA
Situació de divisió	100 croquetes →	$\frac{\text{1 plat}}{\text{4 croquetes}}$ →	25 plats

$$100 \times \frac{1}{4} = 25$$

$$100 : 4 = 25$$

Les situacions de multiplicació i divisió les podem expressar com **situacions de transformació/canvi**.

Situació 2

Han donat un conjunt de tauletes a l'escola.

A la classe de 5è ens han donat 2 tauletes per cada 3 infants.

Si a la classe som 24 infants, quantes tauletes ens toquen?

En aquesta situació tenim:

- entrada a la situació → 24 infants
- transformació/canvi → 2 tauletes corresponen a 3 infants
- sortida de la situació → ___ tauletes

Representem gràficament la situació:

ENTRADA		CANVI		SORTIDA
24 infants	→	$\frac{\text{2 infants}}{\text{3 tauletes}}$	→	___ tauletes

$24 \times \frac{2}{3} = 16$

$24 : 3 = 8$

$8 \times 2 = 16$

Situació 3

Fem un estudi sobre el color més freqüent dels cotxes que passen per davant de l'escola.

Des de la finestra de la classe hem comptat un total de 420 cotxes. D'aquests, 273 són de color blanc.

Segons aquestes dades, de cada 100 cotxes, quants seran blancs?

- entrada a la situació → 100 cotxes
- transformació/canvi → de 420 cotxes, 273 són blancs
- sortida de la situació → ___ cotxes blancs

ENTRADA		CANVI		SORTIDA
100 cotxes	→	$\frac{\text{273 blancs}}{\text{420 cotxes}}$	→	___ cotxes blancs

$100 \times \frac{273}{420} = 65$

$100 \times 273 = 27\,300$

$27\,300 : 420 = 65$

Percentatges

Situació 1

A l'escola fem un joc de probabilitat.

- Hem tirat un dau 100 vegades i hem investigat quantes vegades ens surt un sis. Per recollir els resultats hem construït un quadrat de 10 × 10 caselles.
- Cada cop que en tirar el dau ens ha sortit un sis, hem pintat una casella de color verd. Si no ha sortit un sis, hem pintat la casella de color vermell.

Hem omplert el quadrat d'aquesta manera:

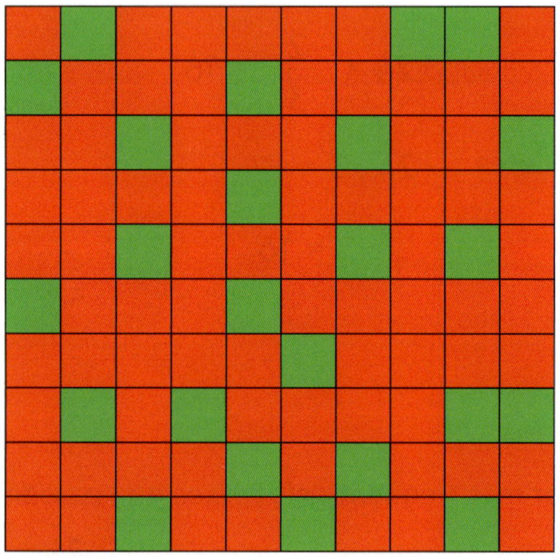

En acabar el joc, hem comptat les caselles pintades de color verd i les pintades de color vermell. En total, de les 100 caselles hem pintat les següents:

 24

 76

- Agrupem les caselles de cada color per poder observar més fàcilment el resultat de tirar un dau i que ens surti un sis.

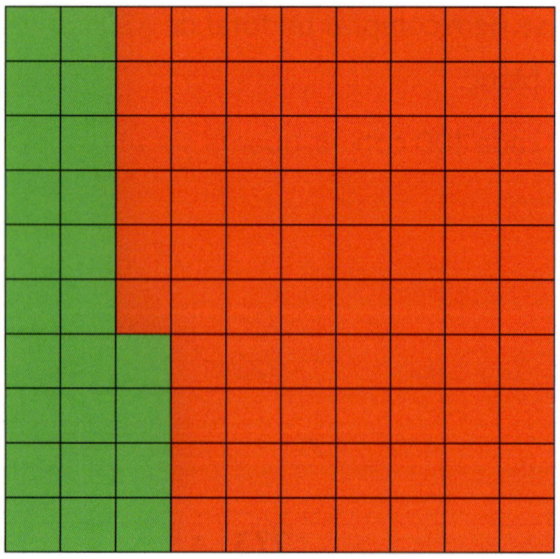

La situació que de cada 100 tirades ha sortit 24 vegades un sis es pot expressar:

$$\frac{24}{100} \text{ o també } 24\,\%$$

I que, de cada 100 tirades, 76 vegades no ha sortit un sis:

$$\frac{76}{100} \text{ o també } 76\,\%$$

- Repetirem aquest joc diverses vegades buscant diferents objectius: per exemple, que surti un altre nombre (un u o un quatre).
- Representarem els resultats en forma de fracció i en percentatge o tant per cent.

Situació 2

A la classe de cinquè el 20 % d'infants tenim encara 10 anys.

Si a la classe som 25 infants, quants infants tenim encara 10 anys?

- Representem el 20 % pintant de color verd les caselles pertinents. Això vol dir que, de cada 100 infants, 20 encara tenen 10 anys.

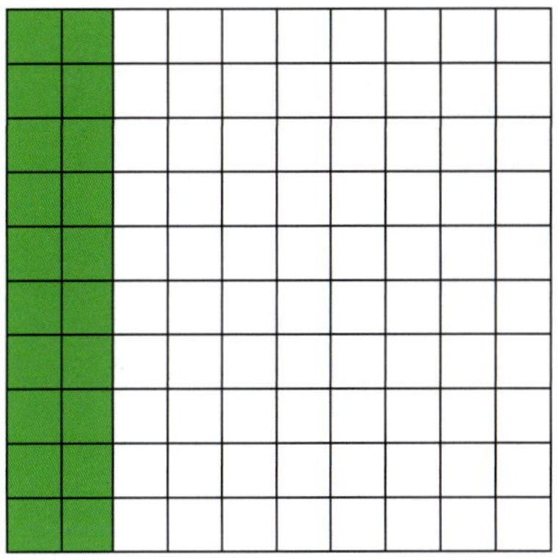

20	100

- Si dividim les caselles verdes i el total de caselles per la meitat, observarem que, de cada 50 infants, 10 encara tenen 10 anys.

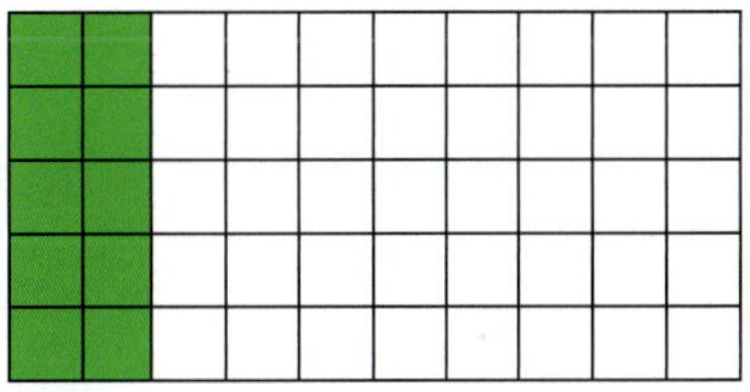

10	50

- I, finalment, si tornem a dividir les caselles verdes i el total de casellesper la meitat, observarem que, de cada 25 infants, 5 encara tenen 10 anys.

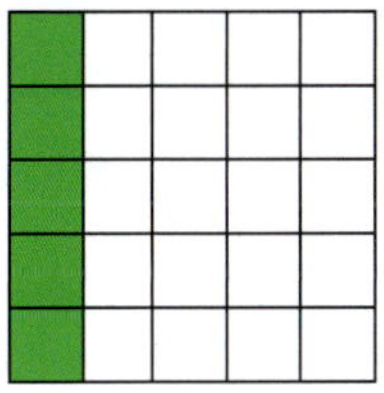

5	25

- Per calcular el 20 % de 25 infants també podem fer servir la màquina de canvi transformadora.

ENTRADA	→	CANVI	→	SORTIDA
25 infants en total	→	20 tenen 10 anys / 100 infants en total	→	___ infants que tenen 10 anys

$25 \times \frac{20}{100} = 100$ (20 %)

$25 \times 20 = 500$

$500 : 100 = 5$

- De forma ràpida podem calcular el 20 % multiplicant per $\frac{20}{100} = 0,2$. $25 \times 0,2 = 5$

Per tant, de cada 25 infants, 5 encara tenen 10 anys.

Calculem descomptes

Situació 1

L'Èric compra un os de peluix per al seu germà petit en temporada de rebaixes.

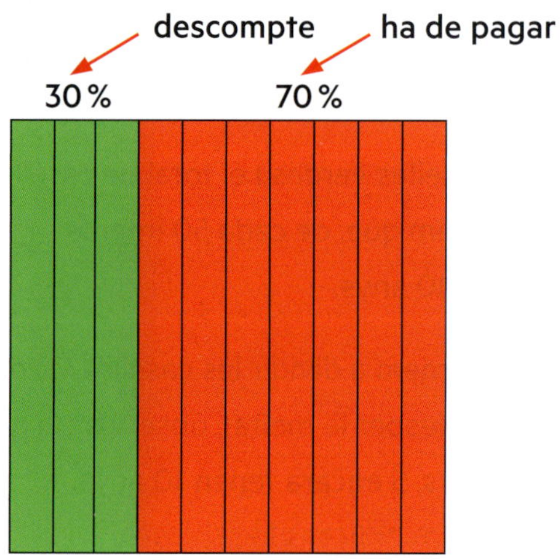

A la botiga totes les joguines estan rebaixades un 30 %.

Si el peluix abans de rebaixes valia 40 euros i ara està rebaixat un 30 %, quant haurà de pagar l'Èric?

- Si ens fixem en el gràfic del costat, podem observar que si li descompten un 30 % del peluix, vol dir que n'haurà de pagar el 70 %.

  - entrada a la situació → 40 €
  - transformació/canvi → de cada 100 € paga 70 €
  - sortida de la situació → ___ €

ENTRADA		CANVI		SORTIDA
40 €	→	$\frac{70}{100}$	→	___ €

$40 \times \frac{70}{100} = 28$

$40 \times 70 = 2800$

$2800 : 100 = 28$

- De forma ràpida podem calcular el 70 % multiplicant per 0,70. **40 € × 0,7 = 28 €**

  El preu rebaixat de l'os de peluix serà de 28 euros.

Situació 2

En aquesta botiga de joguines fan un descompte del 15 % en tots els productes.

Volem comprar el patinet, que val 80 euros.

Quant ens costarà després d'aplicar-hi el descompte?

Per saber el que hem de pagar per aquest producte, hem de:

- Trobar el nombre complementari del 15 %, restant 15 a 100.

100 − 15 = 85 %

- Dividir 85 entre 100.

85 : 100 = 0,85

- Multiplicar per 0,85 el preu del patinet.

80 × 0,85 = 68 €

▶ **Ara calculem, entre tota la classe, els preus rebaixats dels productes següents, després d'aplicar el descompte corresponent:**

Producte	Preu	Descompte	Preu final
	70 €	10 %	
	115 €	25 %	
	6 €	10 %	
	95 €	30 %	

Divisió

- L'Arlet ha de repartir 26 olives entre 4 persones.

  - Quantes en tocaran a cadascuna?
  - Quantes olives sobraran?

Per resoldre aquesta situació, cal fer una divisió.

dividend →	26	4	←	divisor
residu →	2	6	←	quocient

L'Arlet donarà 6 olives a cada persona i n'hi sobraran 2.

El **dividend** és el nombre que representa la quantitat que s'ha de repartir.
El **divisor** és el nombre pel qual hem de repartir.
El **quocient** és la quantitat que correspon a cadascú.
El **residu** és el que ens sobra.

- L'Èric ha de repartir 24 panets entre 4 persones.

  - Quants en tocaran a cadascuna?
  - Quants en sobraran?

24	4
0	6

L'Èric donarà 6 panets a cada persona i no en sobrarà cap.

Una **divisió exacta** és la que té 0 de residu.
La **divisió** que no té 0 de residu s'anomena **divisió entera**.

▶ Quin residu tenen aquestes divisions?:

87 : 5 = ☐ 67 : 4 = ☐ 99 : 9 = ☐ 67 : 7 = ☐ 86 : 6 = ☐

Fem divisions amb l'ajut de la resta

- La Maria ha de repartir 28 pomes entre 4 companyes.
  - Quantes pomes tocaran a cadascuna?
  - Quantes en sobraran?

Per resoldre aquest problema, fem una divisió.

28	4
0	7

28 – 4 = 24 ⟵ 1 vegada
24 – 4 = 20 ⟵ 2 vegades
20 – 4 = 16 ⟵ 3 vegades
16 – 4 = 12 ⟵ 4 vegades
12 – 4 = 8 ⟵ 5 vegades
8 – 4 = 4 ⟵ 6 vegades
4 – 4 = 0 ⟵ 7 vegades

La Maria resta 7 vegades 4.

El **quocient** de la divisió és igual a 7.

- Després de restar-ne successivament 4, quantes pomes queden?

El **residu** de la divisió és 0.

És una divisió exacta.

- Ara la Maria vol repartir 23 cireres entre 5 amigues.
  - Quantes en tocaran a cadascuna?
  - Quantes en sobraran?

Observem la divisió de sota. Fixem-nos que el residu de la divisió és igual a 3. És entera.

Fem divisions enteres també fent servir **restes successives**.

23	5
3	4

23 – 5 = 18 ⟵ 1 vegada
18 – 5 = 13 ⟵ 2 vegades
13 – 5 = 8 ⟵ 3 vegades
8 – 5 = 3 ⟵ 4 vegades

▶ **Sense utilitzar la tecla ÷ de la calculadora, fem les divisions següents:**

34 : 7 = ▢   540 : 6 = ▢

340 : 7 = ▢   121 : 11 = ▢

Propietats de la divisió

Divisió exacta

Per fer una divisió, sempre ens podem ajudar d'una multiplicació.

En una **divisió exacta**, el dividend és igual al quocient multiplicat pel divisor.

$$24 \,|\underline{\,4\,}\quad 0 \quad 6 \qquad\qquad 6 \times 4 = 24$$

dividend = quocient × divisor

- Fem aquesta divisió:

  $36 \,|\underline{\,4\,}$

- Després, fem aquesta altra:

  $360 \,|\underline{\,4\,}$

I ara, observem les dues divisions.

– Per quin nombre hem multiplicat el dividend? $36 \times \square = 360$

– Per quin nombre hem multiplicat el divisor? $4 \times \square = 40$

– Com és el quocient? I el residu?

Si multipliquem el dividend i el divisor per un mateix nombre, el quocient i el residu no varien.

- Observem aquestes dues divisions:

  $60 \,|\underline{\,10\,}$ — residu 0, quocient 6

  $30 \,|\underline{\,5\,}$ — residu 0, quocient 6

– Per quin nombre hem dividit el dividend i el divisor?

Dividend: $60 : \square = 30$

Divisor: $10 : \square = 5$

– Com són els quocients de les dues divisions? I els residus?

Si dividim el dividend i el divisor per un mateix nombre, el quocient i el residu no varien.

$36 \,|\underline{\,4\,}$ $\square$ $\square$ — dividim entre 2 el dividend i el divisor → $18 \,|\underline{\,2\,}$ $\square$ $\square$

Divisió entera

En una **divisió entera**, el dividend és igual al quocient multiplicat pel divisor més el residu.

dividend = quocient × divisor + residu

$$\begin{array}{r|l} 26 & 4 \\ \hline 2 & 6 \end{array} \qquad \begin{array}{r} 6 \\ \times\ 4 \\ \hline 24 + 2 = 26 \end{array}$$

- Fem aquesta divisió:

$$\begin{array}{r|l} 38 & 4 \\ \hline & \end{array}$$

- Ara fem aquesta altra:

$$\begin{array}{r|l} 380 & 4 \\ \hline & \end{array}$$

I ara, observem les dues divisions.

– Per quin nombre hem multiplicat el dividend? $38 \times \square = 380$

– Per quin nombre hem multiplicat el divisor? $4 \times \square = 40$

– Com és el quocient? I el residu?

Si multipliquem el dividend i el divisor per un mateix nombre, el quocient no varia i el residu queda multiplicat pel mateix nombre.

- Ara dividim el dividend i el divisor per un mateix nombre.

$$\begin{array}{r|l} 38 & 4 \\ \hline 2 & 9 \end{array} \xrightarrow{\text{dividim entre 2 el dividend i el divisor}} \begin{array}{r|l} 19 & 2 \\ \hline \square & \square \end{array}$$

– Per quin nombre hem dividit el dividend? $38 : \square = 19$

– Per quin nombre hem dividit el divisor? $4 : \square = 2$

– Com és el quocient? Per quin nombre s'ha dividit el residu?

Si dividim el dividend i el divisor per un mateix nombre, el quocient no varia i el residu queda dividit pel mateix nombre.

Divisió i multiplicació sobre la recta numèrica

- Per multiplicar, la granota fa salts cap endavant.

$4 \times 6 = 24$

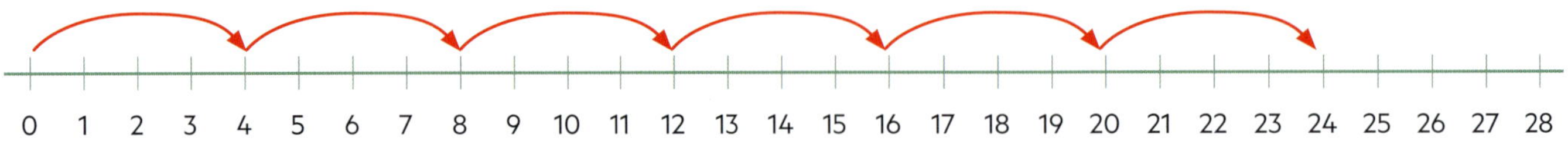

- Per dividir, la granota fa salts cap enrere.

$24 : 4 = 6$

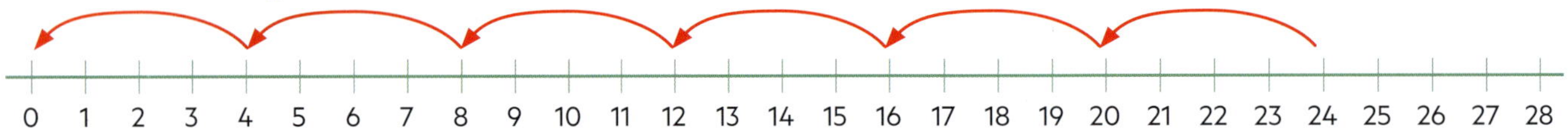

- Fem la divisió 9 : 4 sobre la recta numèrica.
  - Quants nombres saltarà la granota cada vegada?
  - Quants salts podrà fer?
  - A quin nombre es quedarà?

$9 : 4 = 2$

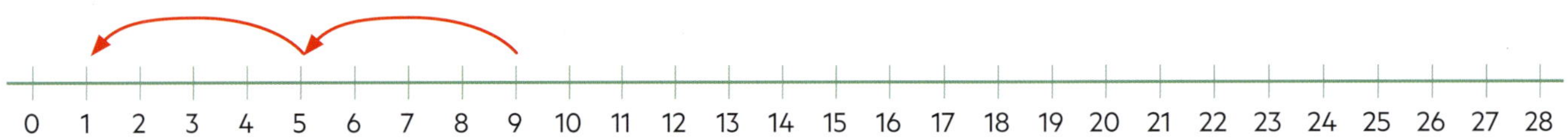

Observem les rectes numèriques i completem les operacions.

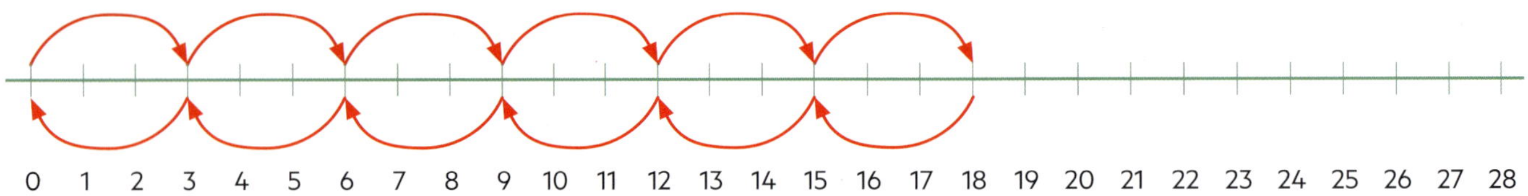

$3 \times \square = 18$ $\quad$ $18 : 3 = \square$

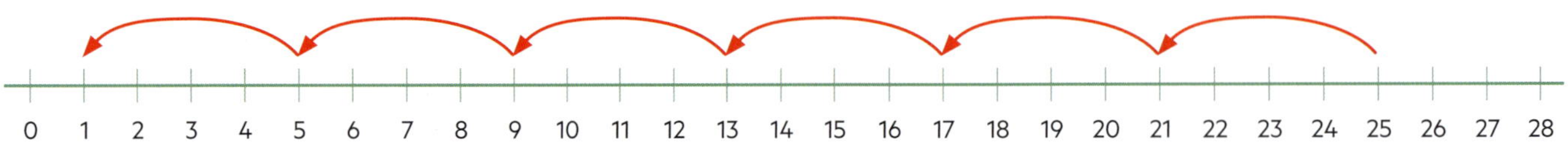

$25 : 4 = \square$ $\quad$ residu = $\square$

Divisió a partir de la descomposició de múltiples del dividend

Dividim 112 entre 8.

- Representem la divisió geomètricament dibuixant un rectangle.

- Descomponem el dividend en sumands múltiples de 8 × 10 i de 8 × 1 .

  112 = 80 + 8 + 8 + 8 + 8

- Representem a partir de rectangles de 8 unitats d'altura i superfície de la totalitat de múltiples descompostos del dividend.

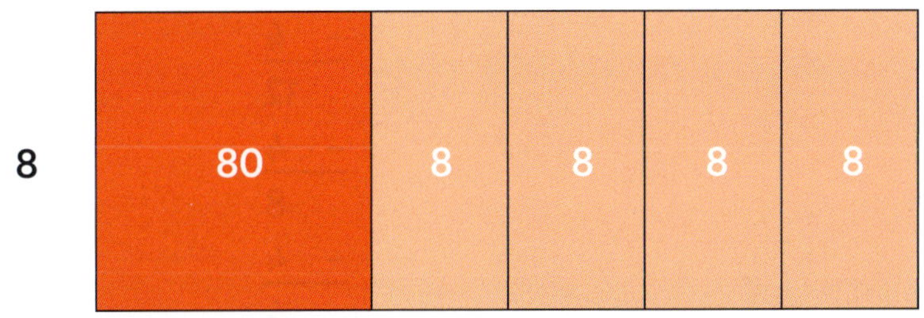

- Calculem les bases de cada un dels rectangles.

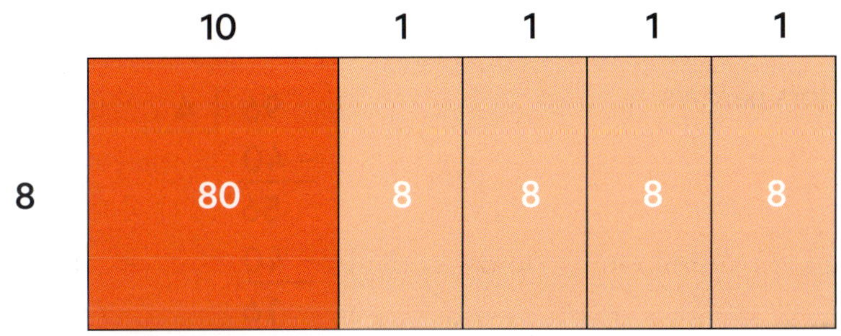

- Sumem els resultats per obtenir el quocient.

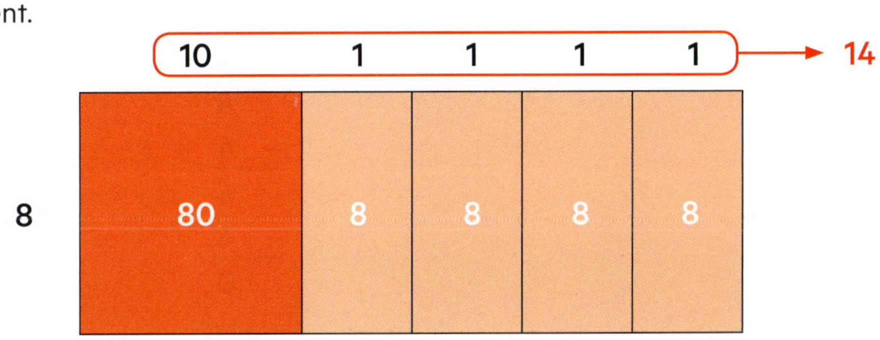

El quocient de la divisió 112 : 8 és igual a 10 + 1 + 1 + 1 + 1 = 14.

Divisió a partir de factors parcials

Dividim 96 entre 4.

Desenes: multipliquem per múltiples de 4 × 10 i restem el total del divisor.

96	4	
− 40	←	4 × 10
56		
− 40	←	4 × 10
16		

Unitats: multipliquem per múltiples de 4 × 1 i restem el total del divisor.

96	4	
− 40	←	4 × 10
56		
− 40	←	4 × 10
16		
− 4	←	4 × 1
12		
− 4	←	4 × 1
8		
− 4	←	4 × 1
4		
− 4	←	4 × 1
0		

Sumem els factors parcials.

96	4	
− 40	←	4 × 10
56		
− 40	←	4 × 10
16		
− 4	←	4 × 1
12		
− 4	←	4 × 1
8		
− 4	←	4 × 1
4		
− 4	←	4 × 1
0		↓ 24

El quocient de la divisió 96 : 4 és igual a 10 + 10 + 1 + 1 + 1 + 1 = 24.

Zeros en el quocient

Els zeros són tan importants com les altres xifres. Convé no oblidar-se d'escriure'ls.
No és el mateix que el resultat d'una divisió sigui 34, 304 o 340.

Dividim 603 : 3 = ▢.

Centenes: Quants grups de 3 centenes podem fer?

```
 603 |3
- 6   2
  0
```

3 × 1 = 3

3 × 2 = 6   Exacte!

Centenes que fem servir: 3 × 2 = 6

Centenes que sobren: 6 − 6 = 0

Agrupem: 0 centenes i 0 desenes són 0 desenes.

Desenes: Quants grups de 3 desenes podem fer?

```
 603 |3
- 6   20
  00
- 00
   0
```

3 × 0 = 0   Exacte!

Desenes que fem servir: 3 × 0 = 0

Desenes que sobren: 0 − 0 = 0

Agrupem: 0 desenes i 3 unitats són 3 unitats.

Unitats: Quants grups de 3 unitats podem fer?

```
 603 |3
- 6   201
  00
- 00
   03
  - 3
    0
```

3 × 1 = 3   Exacte!

Unitats que fem servir: 3 × 1 = 3

Unitats que sobren: 3 − 3 = 0

▶ **Observem la divisió i responem les preguntes següents:**

```
 804 |4
- 8   201
  00
- 00
   04
  - 4
    0
```

Centenes: Quants grups de 4 centenes podem fer? Quantes centenes sobren?

Desenes: Quants grups de 4 desenes podem fer? Quantes desenes sobren?

Unitats: Quants grups de 4 unitats podem fer? Quantes unitats sobren?

Dividim descomponent múltiples del dividend

Dividim 552 entre 24.

- Representem la divisió geomètricament dibuixant rectangles.

- Descomponem el dividend en sumands múltiples de 24: (24 × 10 i 24 × 1).

552 = 240 + 240 + 24 + 24 + 24

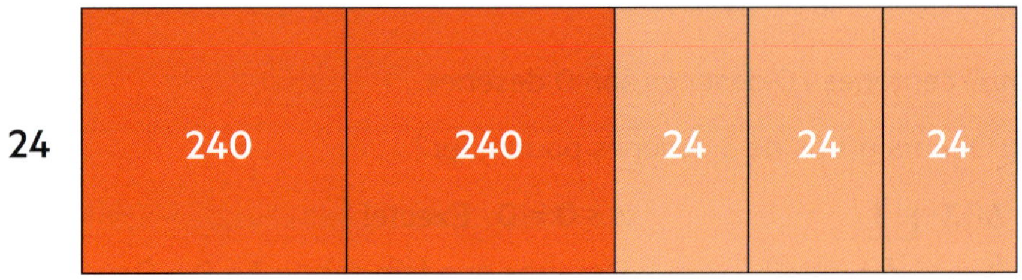

- Calculem les bases del rectangle de 24 unitats d'altura i de superfície 240 i 24.

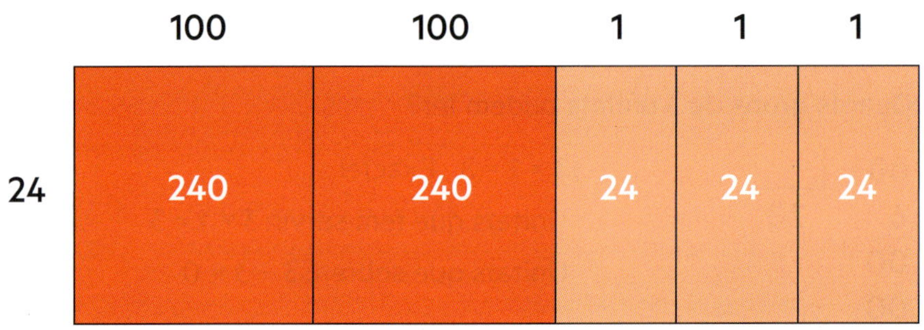

- Sumem les bases de cada un dels rectangles per obtenir el quocient.

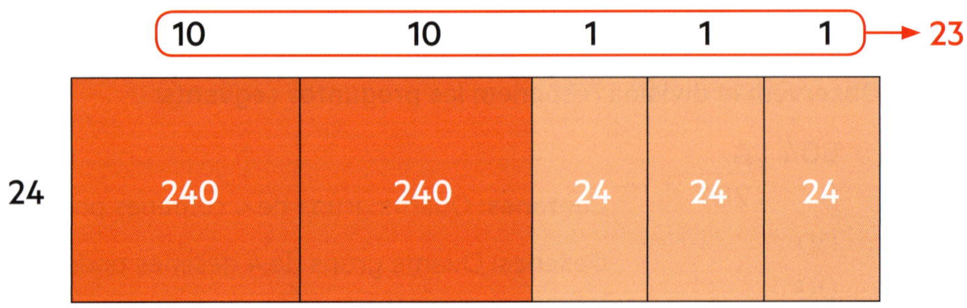

El quocient de la divisió 552 : 24 és igual a 10 + 10 + 1 + 1 + 1 = 23.

Dividim nombres de quatre xifres

Dividim 3 819 entre 8.

Milers: Podem fer grups de 8 milers?

Agrupem: 3 milers i 8 centenes són 38 centenes.

Centenes: Quants grups de 8 centenes podem fer?

```
 3819 |8
-32    4
---
   6
```

8 × 4 = 32

8 × 5 = 40   Massa gran!

Centenes que fem servir: 8 × 4 = 32

Centenes que sobren: 38 − 32 = 6

Agrupem: 6 centenes i 1 desena són 61 desenes.

Desenes: Quants grups de 8 desenes podem fer?

```
 3819 |8
-32    47
---
   61
  -56
  ---
    5
```

8 × 7 = 56

8 × 8 = 64   Massa gran!

Desenes que fem servir: 8 × 7 = 56

Desenes que sobren: 61 − 56 = 5

Agrupem: 5 desenes i 9 unitats són 59 unitats.

Unitats: Quants grups de 8 unitats podem fer?

```
 3819 |8
-32    477
---
   61
  -56
  ---
    59
   -56
   ---
     3
```

8 × 7 = 56

8 × 8 = 64   Massa gran!

Unitats que fem servir: 8 × 7 = 56

Unitats que sobren: 59 − 56 = 3

El quocient de la divisió 3 819 : 8 és igual a 477 i el residu és 3.

Comprovem-ho: 477 × 8 = 3 816

= 3 816 + 3 = 3 819

Dividim a partir de factors parcials

Ara farem la mateixa divisió 3819 : 8 de la pàgina anterior a partir de **factors parcials**.

Milers: Per quants milers haurem de multiplicar 8 per aconseguir el nombre més proper per sota de 3819?

```
3819 |8
```

No ho podem fer, ja que 8 × 1000 és 8000.
Aquest producte és més gran que 3819.

Centenes: Per quantes centenes haurem de multiplicar per obtenir el nombre més proper per sota de 3819?

```
  3819 |8
- 3200  ←—— 8 × 400
   619
```

Desenes: Per quantes desenes haurem de multiplicar 8 per obtenir el nombre més proper per sota de 619?

```
  3819 |8
- 3200  ←—— 8 × 400
   619
-  560  ←—— 8 ×  70
    59
```

Unitats: Per quantes unitats haurem de multiplicar 8 per obtenir el nombre més proper per sota de 59?

```
  3819 |8
- 3200  ←—— 8 × 400
   619
-  560  ←—— 8 ×  70
    59
-   56  ←—— 8 ×   7
     3
                477
```

El quocient de la divisió 3819 : 8 és igual a 400 + 70 + 7 = 477 i el residu és 3.

Divisió per capses

A continuació fem la mateixa divisió 3 819 : 8 fent servir el mètode de **divisió per capses**.

Milers: Per quants milers haurem de multiplicar 8, per obtenir el nombre més proper per sota de 3 819?

No ho podem fer, ja que 8 × 1000 és 8 000.
Aquest producte és més gran de 3 819.

Centenes: Per quantes centenes hem de multiplicar per obtenir el nombre més proper per sota de 3 819?

8 × 400 = 3 200

	400		
8	3 819 − 3 200 619	619	

Desenes: Per quantes desenes hem de multiplicar 8 per obtenir el nombre més proper per sota de 619?

8 × 70 = 560

	400	70	
8	3 819 − 3 200 619	619 − 560 59	59

Unitats: Per quantes unitats hem de multiplicar 8 per obtenir el nombre més proper per sota de 59?

8 × 7 = 56

	400	70	7
8	3 819 − 3 200 619	619 − 560 59	59 − 56 3

400 + 70 + 7 → 477

El quocient de la divisió 3 819 : 8 és igual a 400 + 70 + 7 = 477 i el residu és 3.

Divisió per divisors de dues xifres

Dividim 3 154 entre 20.

Milers: Podem fer grups de 20 milers?

Agrupem: 3 milers i 1 centena són 31 centenes.

Centenes: Quants grups de 20 centenes podem fer?

```
 3154 |20
- 20    1
 ---
  11
```

20 × 1 = 20

20 × 2 = 40   Massa gran!

Centenes que fem servir: 20 × 1 = 20

Centenes que sobren: 31 − 20 = 11

Agrupem: 11 centenes i 5 desenes són 115 desenes.

Desenes: Quants grups de 20 desenes podem fer?

```
 3154 |20
- 20    15
 ---
  115
- 100
 ----
   15
```

20 × 5 = 100

20 × 6 = 120   Massa gran!

Desenes que fem servir: 20 × 5 = 100

Desenes que sobren: 115 − 100 = 15

Agrupem: 15 desenes i 4 unitats són 154 unitats.

Unitats: Quants grups de 20 unitats podem fer?

```
 3154 |20
- 20    157
 ---
  115
- 100
 ----
   154
  - 140
   ----
     14
```

20 × 7 = 140

20 × 8 = 160   Massa gran!

Unitats que fem servir: 20 × 7 = 140

Unitats que sobren: 154 − 140 = 14

El quocient de la divisió 3 154 : 20 és igual a 157 i el residu és 14.

Comprovem-ho: 157 × 20 = 3 140

= 3 140 + 14 = 3 154

Divisió per divisors de dues xifres d'altres maneres

Ara farem la mateixa divisió 3 154 : 20 de la pàgina anterior a partir del **mètode de factors parcials**.

Milers: Per quants milers hem de multiplicar 20 per obtenir el nombre més proper per sota de 3 154?

No ho podem fer, ja que 20 × 1 000 dona 20 000.

Aquest producte és molt més gran que 3 154.

Centenes: Per quantes centenes hem de multiplicar 20 per obtenir el nombre més proper per sota de 3 154?

3 154 | 20
− 2 000 ← 20 × 100
1 154

Desenes: Per quantes desenes hem de multiplicar 20 per obtenir el nombre més proper per sota de 1 154?

3 154 | 20
− 2 000 ← 20 × 100
1 154
− 1 000 ← 20 × 50
154

Unitats: Per quantes unitats hem de multiplicar 20 per obtenir el nombre més proper per sota de 154?

3 154 | 20
− 2 000 ← 20 × 100
1 154
− 1 000 ← 20 × 50
154
− 140 ← 20 × 7
14

157

El quocient de la divisió 3 154 : 20 és igual a 100 + 50 + 7 = 157 i el residu és 14.

Ara comprovem la divisió fent servir el **mètode per capses**.

	100	50	7 → 157
20	3 154 − 2 000 1 154	1 154 − 1 000 154	154 − 140 14

Dividim arrodonint el divisor

Podem fer la divisió 14 560 : 32 arrodonint el divisor.

Desenes de miler: Podem fer grups de 32?

Unitats de milers (milers): Podem fer grups de 32?

Centenes: Quants grups de 32 centenes podem fer?

```
 14560 |32
- 128    4
   17
```

Pensem: 32, arrodonit cap avall, és 30.

30 × 4 = 120

30 × 5 = 150 Massa gran!

Provem-ho per 4:

```
   32
×   4
  128
```

Desenes: Quants grups de 32 desenes podem fer?

```
 14560 |32
- 128    45
   176
-  160
    16
```

Pensem: 30 × 5 = 150

30 × 6 = 180 Massa gran!

Provem-ho per 5:

```
   32
×   5
  160
```

Unitats: Quants grups de 32 unitats podem fer?

```
 14560 |32
- 128    455
   176
-  160
    160
  - 160
      0
```

Pensem: 30 × 5 = 150

30 × 6 = 180 Massa gran!

Provem-ho per 5:

```
   32
×   5
  160   Exacte!
```

El quocient de la divisió 14 560 : 32 és igual a 455 i el residu és 0.

Comprovem-ho: 455 × 32 = 14 560

= 14 560 + 0 = 14 560

▶ **Ara fem les divisions següents seguint la mateixa estratègia:**

3 322 | 51 43 105 | 72 31 070 | 44

Dividim a partir de factors parcials i per capses

Ara farem la mateixa divisió 14 560 : 32 de la pàgina anterior a partir de factors parcials.

Desenes de miler: Per quantes desenes de miler hem de multiplicar 32 per obtenir el nombre més proper per sota de 14 560?

No ho podem fer, ja que 32 × 10 000 dona 320 000.

Aquest producte és molt més gran que 14 560.

Unitats de miler (milers): Per quantes unitats de miler hem de multiplicar 32 per obtenir el nombre més proper per sota de 14 560?

No ho podem fer, ja que 32 × 1000 dona 32 000.

Aquest producte és més gran que 14 560.

Centenes: Per quantes centenes hem de multiplicar 32 per obtenir el nombre més proper per sota de 14 560?

```
  14 560 |32
– 12 800  ←—— 32 × 400
   1 760
```

Desenes: Per quantes desenes hem de multiplicar 32 per obtenir el nombre més proper per sota de 1760?

```
  14 560 |32
– 12 800  ←—— 32 × 400
   1 760
–  1 600  ←—— 32 × 50
     160
```

Unitats: Per quantes unitats hem de multiplicar 32 per obtenir el nombre més proper per sota de 160?

```
  14 560 |32
– 12 800  ←—— 32 × 400
   1 760
–  1 600  ←—— 32 ×  50
     160
–    160  ←—— 32 ×   5
       0            ↓
                   455
```

El quocient de la divisió 14 560 : 32 és igual a 400 + 50 + 5 = 455 i el residu és 0.

Ara comprovem la divisió fent servir el **mètode per capses**.

	400	50	5 → 455
32	14 560 – 12 800 = 1760	1760 – 1600 = 160	160 – 160 = 0

Suma i resta de fraccions d'igual denominador

- Per **sumar** fraccions, ens poden servir d'ajuda les representacions dels dipòsits.

$\frac{1}{8} + \frac{3}{8} = \square$

El denominador de cadascuna de les fraccions és 8.

Els dipòsits hauran d'estar dividits en vuit parts.

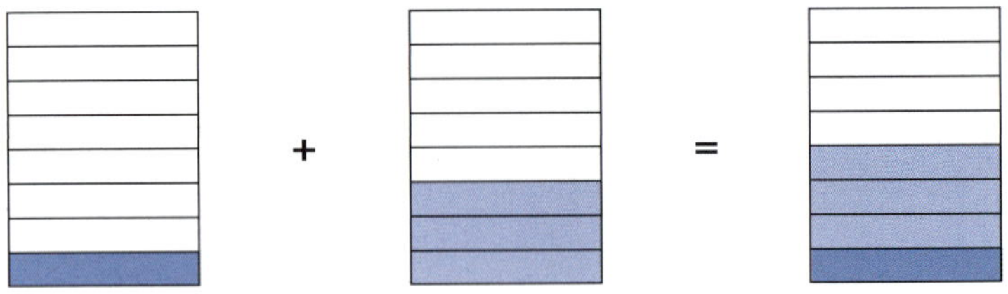

$$\begin{array}{r} \frac{1}{8} \\ + \frac{3}{8} \\ \hline \frac{4}{8} \end{array}$$

$$\frac{1}{8} + \frac{3}{8} = \frac{1+3}{8} = \frac{4}{8}$$

Com que $\frac{4}{8}$ no és la fracció irreductible, fem:

$\frac{4}{8} = \frac{4:4}{8:4} = \frac{1}{2}$ Aleshores: $\frac{4}{8} = \frac{1}{2}$ $\frac{1}{8} + \frac{3}{8} = \frac{4}{8} = \frac{1}{2}$

Per **sumar** dues fraccions amb el mateix denominador, sumem els numeradors i deixem el mateix denominador.

$\frac{1}{4} + \frac{2}{4} = \frac{3}{4}$ $\frac{1}{5} + \frac{3}{5} = \frac{\square}{5}$ $\frac{1}{3} + \frac{1}{3} = \frac{2}{\square}$

- També ens podem ajudar de representacions per **restar** fraccions.

$\frac{7}{6} - \frac{5}{6} = \square$

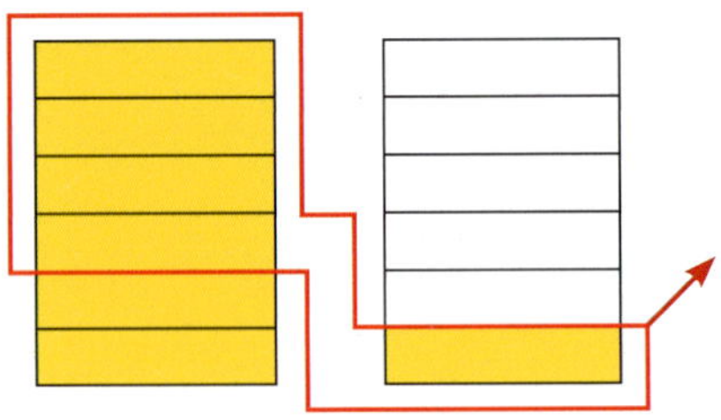

$$\begin{array}{r} \frac{7}{6} \\ - \frac{5}{6} \\ \hline \frac{2}{6} \end{array}$$

$$\frac{7}{6} - \frac{5}{6} = \frac{2}{6}$$

Per **restar** dues fraccions amb el mateix denominador, restem els numeradors i deixem el mateix denominador.

$\frac{7}{5} - \frac{3}{5} = \frac{4}{5}$ $\frac{5}{7} - \frac{3}{7} = \frac{\square}{7}$ $\frac{7}{3} - \frac{5}{3} = \frac{2}{\square}$

Suma de fraccions. Quan un denominador és múltiple d'un altre

- Aquestes dues fraccions no tenen el mateix denominador: $\frac{1}{3} + \frac{1}{6} = \square$

  Busquem fraccions equivalents a $\frac{1}{3}$ i $\frac{1}{6}$ que tinguin el mateix denominador.

  Fem servir el nombre 6 com a denominador.

$$\frac{1}{3} + \frac{1}{6} = \square$$

$$\frac{1}{3} = \frac{2}{6} \qquad \frac{1}{6} = \frac{1}{6}$$

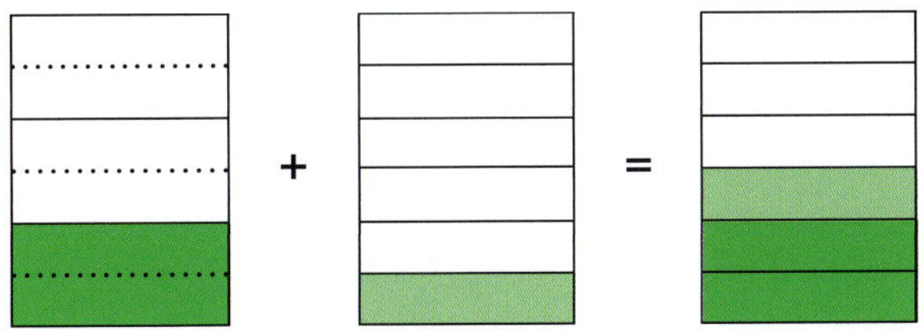

$$\frac{1}{3} + \frac{1}{6} = \square$$

$$\frac{2}{6} + \frac{1}{6} = \frac{2+1}{6} = \frac{3}{6}$$

$$\frac{1}{3} \rightarrow \frac{2}{6}$$
$$+\ \frac{1}{6} \rightarrow \frac{1}{6}$$
$$\overline{\qquad\qquad \frac{3}{6}}$$

$\frac{3}{6}$ no és la fracció irreductible. Llavors: $\frac{3}{6} = \frac{3:3}{6:3} = \frac{1}{2}$

- Ara provem de fer aquesta suma de fraccions.

  Els denominadors no són iguals.

  Fem servir el nombre 8 com a denominador.

$$\frac{1}{4} + \frac{5}{8} = \square$$

$$\frac{1}{4} = \frac{2}{8} \qquad \frac{5}{8} = \frac{5}{8}$$

$$\frac{1}{4} + \frac{5}{8} = \square$$

$$\frac{2}{8} + \frac{5}{8} = \frac{2+5}{8} = \frac{7}{8}$$

$$\frac{1}{4} \rightarrow \frac{2}{8}$$
$$+\ \frac{5}{8} \rightarrow \frac{5}{8}$$
$$\overline{\qquad\qquad \frac{7}{8}}$$

Podem fer la suma de fraccions amb l'ajuda de dipòsits.

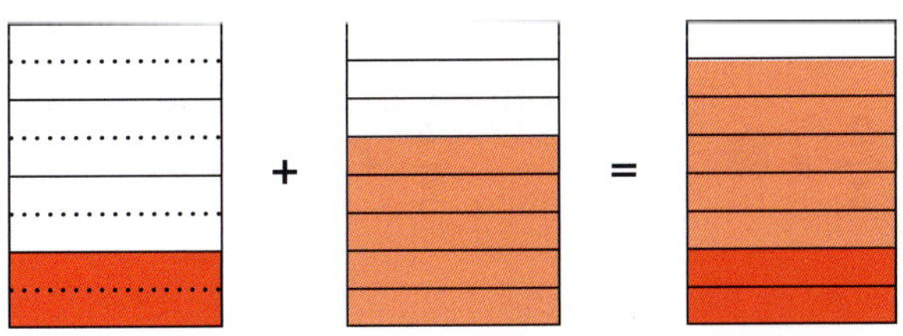

Suma de fraccions de diferent denominador

Hem de sumar aquestes dues fraccions, que no tenen el mateix denominador: $\frac{1}{2} + \frac{2}{3} =$

- Hi ha alguna fracció equivalent a $\frac{1}{2}$ amb denominador 3?
- Hi ha alguna fracció equivalent a $\frac{2}{3}$ amb denominador 2?

Observem els denominadors 2 i 3. $2 \times 3 = 6$

Fem servir el 6 com a denominador comú.

$\frac{1}{2} = \frac{3}{6}$ $\frac{2}{3} = \frac{4}{6}$

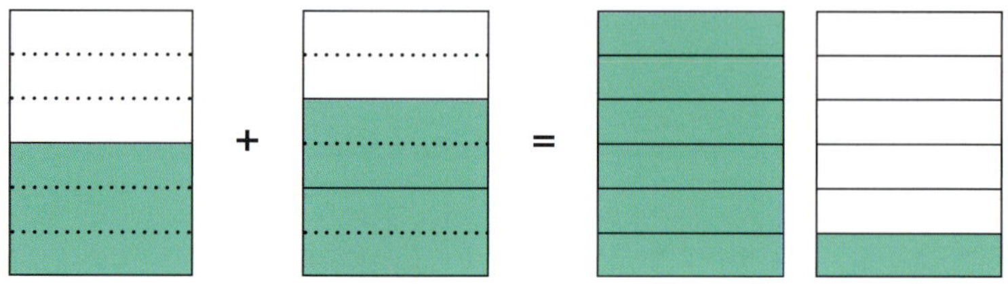

$$\frac{1}{2} + \frac{2}{3} =$$

$$\frac{3}{6} + \frac{4}{6} = \frac{3+4}{6} = \frac{7}{6}$$

$$\begin{array}{rcl} & \frac{1}{2} \rightarrow & \frac{3}{6} \\ + & \frac{2}{3} \rightarrow & \frac{4}{6} \\ \hline & & \frac{7}{6} \end{array}$$

▶ **Sumem aquestes fraccions:**

$\frac{1}{3} + \frac{3}{8} =$ $\frac{3}{3} + \frac{5}{8} =$ $\frac{2}{7} + \frac{3}{2} =$ $\frac{1}{6} + \frac{3}{4} =$

$\frac{6}{5} + \frac{2}{4} =$ $\frac{1}{4} + \frac{2}{3} =$ $\frac{4}{5} + \frac{5}{4} =$ $\frac{5}{5} + \frac{1}{6} =$

Resta de fraccions de diferent denominador

Hem de restar aquestes dues fraccions, que no tenen el mateix denominador: $\frac{2}{3} - \frac{1}{2} = \square$

- Hi ha alguna fracció equivalent a $\frac{2}{3}$ amb denominador 2?

- Hi ha alguna fracció equivalent a $\frac{1}{2}$ amb denominador 3?

Observem els denominadors 3 i 2. $3 \times 2 = 6$

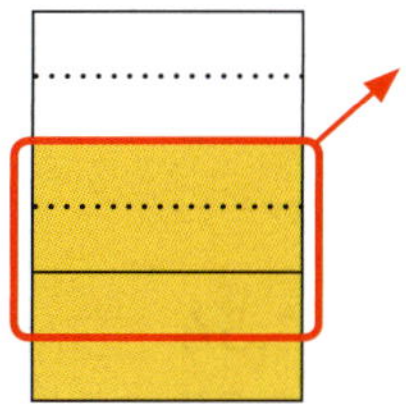

Fem servir el 6 com a denominador comú.

$\frac{2}{3} = \frac{4}{6}$ $\frac{1}{2} = \frac{3}{6}$

$$\frac{2}{3} - \frac{1}{2} = \square$$

$$\frac{4}{6} - \frac{3}{6} = \frac{4-3}{6} = \frac{1}{6}$$

$$\begin{array}{rcl} & \frac{2}{3} & \rightarrow \frac{4}{6} \\ - & \frac{1}{2} & \rightarrow \frac{3}{6} \\ \hline & & \frac{1}{6} \end{array}$$

▶ **Restem aquestes fraccions:**

$\frac{3}{4} - \frac{3}{8} = \square$ $\frac{8}{9} - \frac{3}{4} = \square$ $\frac{7}{8} - \frac{2}{3} = \square$ $\frac{6}{4} - \frac{4}{5} = \square$

$\frac{4}{5} - \frac{1}{2} = \square$ $\frac{4}{3} - \frac{5}{4} = \square$ $\frac{2}{3} - \frac{1}{4} = \square$ $\frac{8}{3} - \frac{1}{4} = \square$

Suma amb nombres decimals

- Fem la suma 1,34 + 1,52 = ___.

1 Sumem les **centèsimes**:

$$\begin{array}{r} 1{,}34 \\ +\ 1{,}52 \\ \hline 6 \end{array}$$

2 Sumem les **dècimes**:

$$\begin{array}{r} 1{,}34 \\ +\ 1{,}52 \\ \hline 86 \end{array}$$

3 Sumem les **unitats**:

$$\begin{array}{r} 1{,}34 \\ +\ 1{,}52 \\ \hline 2{,}86 \end{array}$$

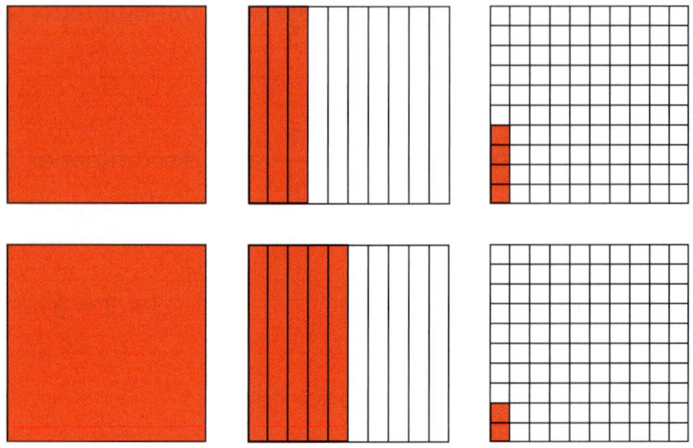

Quan **sumem** nombres decimals, agrupem de la mateixa manera que quan sumem nombres enters.

- Ara fem la suma 4,28 + 2,59 = ___.

1 Sumem les **centèsimes**.

$$\begin{array}{r} 4{,}28 \\ +\ 2{,}59 \\ \hline 7 \end{array}$$

2 Sumem les **dècimes**.

$$\begin{array}{r} 4{,}28 \\ +\ 2{,}59 \\ \hline 87 \end{array}$$

3 Sumem les **unitats**.

$$\begin{array}{r} 4{,}28 \\ +\ 2{,}59 \\ \hline 6{,}87 \end{array}$$

Sumar diners expressant-los en euros i cèntims és el mateix que sumar nombres decimals.

▶ Ara fem aquestes sumes d'euros i cèntims:

$$\begin{array}{r} 6{,}21\ € \\ +\ 5{,}48\ € \\ \hline \_\_{,}69\ € \end{array} \qquad \begin{array}{r} 7{,}62\ € \\ +\ 0{,}38\ € \\ \hline \_\_{,}\_\_\ € \end{array} \qquad \begin{array}{r} 0{,}21\ € \\ 6{,}35\ € \\ +\ 3{,}40\ € \\ \hline \_\_{,}\_\_\ € \end{array} \qquad \begin{array}{r} 7{,}10\ € \\ 6{,}85\ € \\ +\ 3{,}65\ € \\ \hline \_\_{,}\_\_\ € \end{array}$$

Resta amb nombres decimals

- Fem la resta 2,87 – 1,45 = ▢.

```
  2,87
– 1,45
```

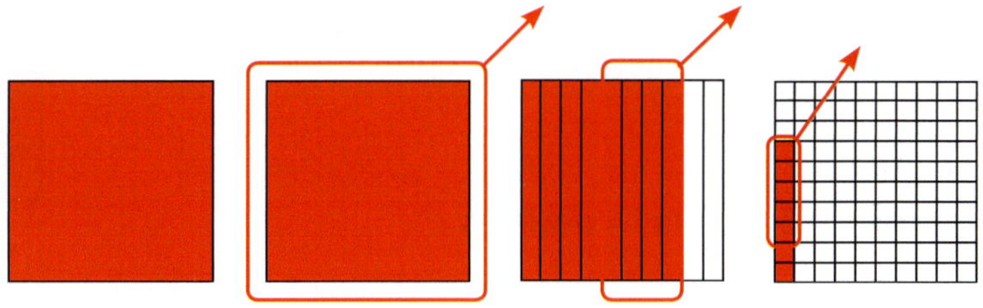

1 Restem les **centèsimes**.

```
  2,87
– 1,45
     2
```

2 Restem les **dècimes**.

```
  2,87
– 1,45
    42
```

3 Restem les **unitats**.

```
  2,87
– 1,45
  1,42
```

Quan restem nombres decimals, agrupem de la mateixa manera que quan restem nombres enters.

- Ara fem la resta 6,26 – 2,59 = ▢.

1 Restem les **centèsimes**.

```
  6,26
– 2,59
     7
```

2 Restem les **dècimes**.

```
  6,26
– 2,59
    67
```

3 Restem les **unitats**.

```
  6,26
– 2,59
  3,67
```

Restar diners expressant-los en euros i cèntims és el mateix que restar nombres decimals.

▶ **Quants diners li falten al nen per poder comprar tota la caixa de pomes?**

```
  7,89 €
– 5,40 €
   ▢,▢ €
```

Multiplicació amb nombres decimals

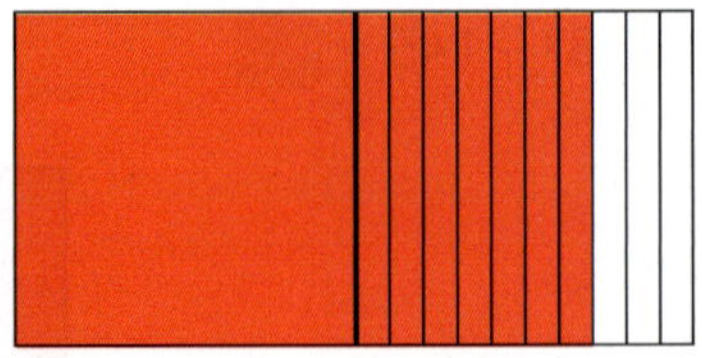

L'**àrea** de la zona vermella és igual a **1,7 unitats quadrades**.

- Per trobar l'àrea de dues zones vermelles, podem representar-ho en figures.

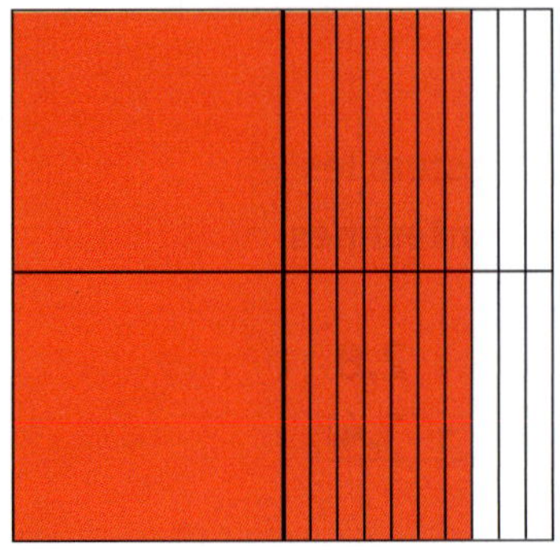

Àrea: 2 unitats i 14 dècimes = 3 unitats i 4 dècimes

___ , ___ unitats quadrades

També podem calcular l'àrea fent una multiplicació:

$$\begin{array}{r} 1{,}7 \\ \times \quad 2 \\ \hline 3{,}4 \end{array} \qquad 1{,}7 \times 2 = 3{,}4$$

- Ara trobem l'àrea del 0,3 de la zona vermella. Fem servir la figura per ajudar-nos.

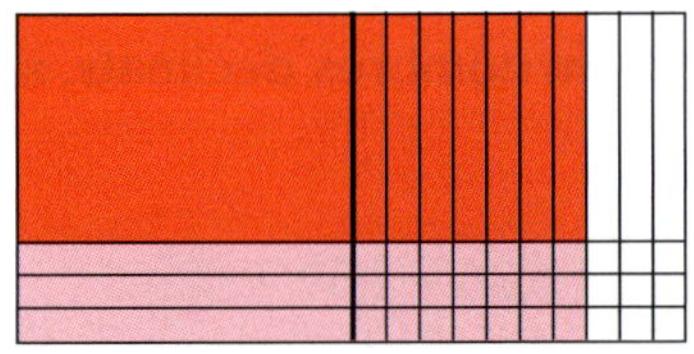

Àrea: 3 dècimes i 21 centèsimes = 5 dècimes i 1 centèsima

___ , ___ unitats quadrades

També podem calcular l'àrea fent una multiplicació:

$$\begin{array}{r} 1{,}7 \\ \times \quad 0{,}3 \\ \hline 0{,}51 \end{array} \qquad 1{,}7 \times 0{,}3 = 0{,}51$$

- Per obtenir l'àrea que equival a 2,3 de les zones vermelles també podem fer servir les representacions dels productes 1,7 × 2 i 1,7 × 0,3.

Àrea: 2 unitats i 14 dècimes + 3 dècimes i 21 centèsimes =

= 2 unitats, 17 dècimes i 21 centèsimes =

= 2 unitats, 19 dècimes i ___ centèsima =

= 3 unitats, ___ dècimes i ___ centèsima

___ , ___ ___ unitats quadrades

El producte de multiplicar 1,7 × 2,3 és 3,91.

Per fer una multiplicació no cal que cada vegada calculem l'àrea fent servir una figura. Es pot fer d'una manera més ràpida.

- Observem les multiplicacions de sota. Fixem-nos que:
  - A l'esquerra, hem resolt la multiplicació com si es tractés de nombres enters.
  - A la dreta, comptem les xifres decimals que tenen els factors (el multiplicand i el multiplicador), i les sumem a fi de saber quantes xifres decimals tindrà el resultat.

28	2,8	← 1 xifra decimal
× 2	× 2	← 0 xifres decimals
56	5,6	← 1 xifra decimal

28	2,8	← 1 xifra decimal
× 6	× 0,6	← 1 xifra decimal
168	1,68	← 2 xifres decimals

28	2,8	← ☐ xifra decimal
× 26	× 2,6	← ☐ xifra decimal
168	168	
56	56	
7,28	7,28	← ☐ xifres decimals

- Multipliquem 7,6 × 0,05 seguint aquests passos:

1 Fem la multiplicació com si fossin nombres enters.

76
× 5
380

2 Sumem les xifres decimals dels factors.

7,6	← 1 xifra decimal
× 0,05	← 2 xifres decimals
0,380	← 3 xifres decimals

▶ **Fem servir el producte 6 435 × 34 = 21 879 per resoldre les multiplicacions següents:**

64,35	6,435	64,35	643,5	6,435
× 0,34	× 3,4	× 3,4	× 34	× 34
☐	☐	☐	☐	☐

3

ESPAI I FORMA

EL TRIANGLE DE SIERPIŃSKI

Un fractal és un forma geomètrica que repeteix el mateix patró a diferents escales i amb diferent orientació.

Podem trobar una estructura fractal en una fulla de falguera.

Aquesta fulla consta de moltes fulles petites que es ramifiquen en una de més gran.

El romanesco és un tipus de bròquil que està format per petites esferes en espiral que creixen al voltant d'una esfera més gran.

El triangle de Sierpiński és un fractal que es pot construir a partir de qualsevol triangle. El matemàtic polonès Wacław Sierpiński el va exposar per primera vegada l'any 1915.

Investiguem amb el triangle de Sierpiński.

1

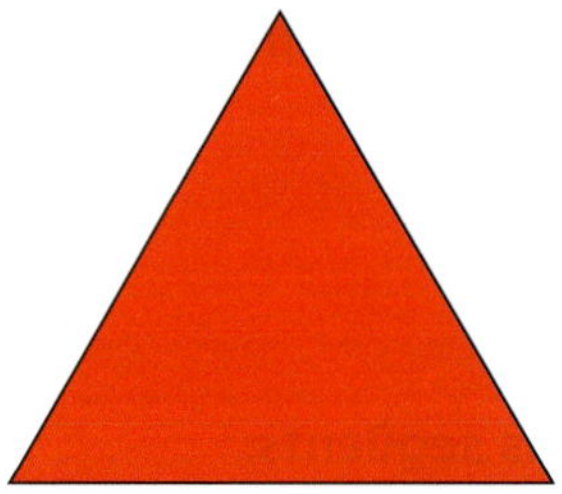

Dibuixem un triangle equilàter.

2

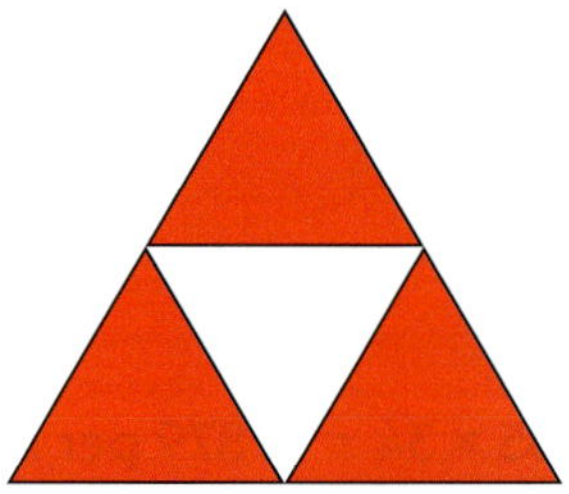

Dibuixem tres triangles equilàters que tinguin una mida igual a la meitat de l'anterior i posem-los als tres vèrtexs.

3

Repetim el pas anterior i dibuixem triangles més petits una vegada i una altra.

- Construïm un triangle de Sierpiński en una pauta isomètrica com la de sota. Per fer-ho cal tenir en compte que els triangles de Sierpiński semblen arbrets.
- Afegim més triangles en els espais blancs i pintem els que queden boca amunt i els que queden boca avall amb un color diferent.

La geometria de les tres dimensions

La **geometria de l'espai** és la que s'encarrega de l'estudi de les figures geomètriques que ocupen un lloc a l'espai. Són les anomenades **figures tridimensionals o de tres dimensions**.

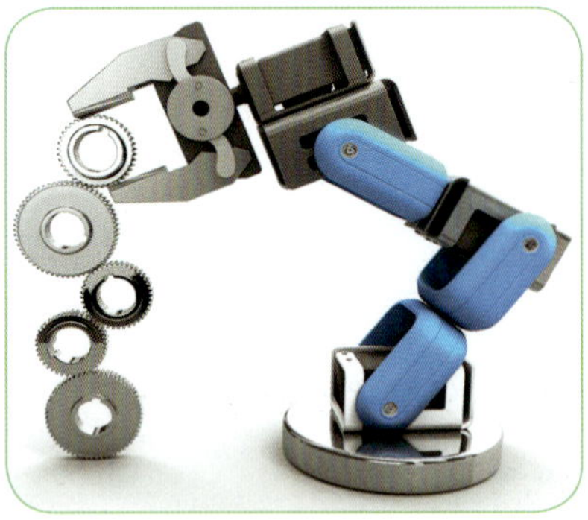

La geometria estudia les propietats i les mesures d'aquestes figures.

Les figures tridimensionals també reben el nom de **sòlids**.

Molts objectes de la nostra vida quotidiana tenen aquestes formes.

Figures tridimensionals amb cares planes

Els **poliedres** son figures geomètriques de tres dimensions que tenen totes les cares planes.

Poliedres

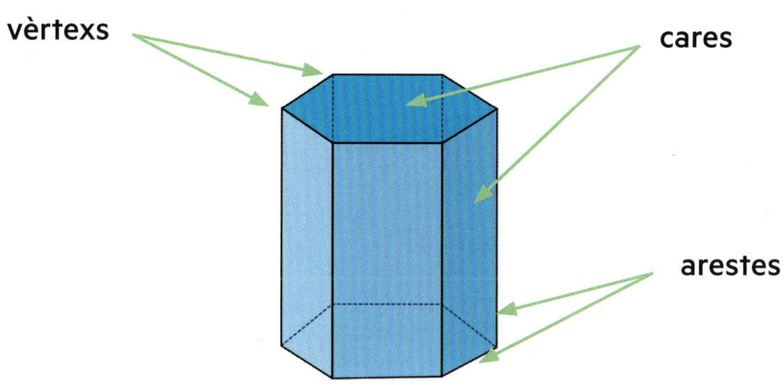

Tots els poliedres tenen cares, arestes i vèrtexs.

- Les cares són polígons.
- Les arestes són els costats d'aquests polígons.
- Els vèrtexs són els punts on s'ajunten tres arestes o més.

▶ **Observem les figures per esbrinar les característiques de cada una.**

Prisma

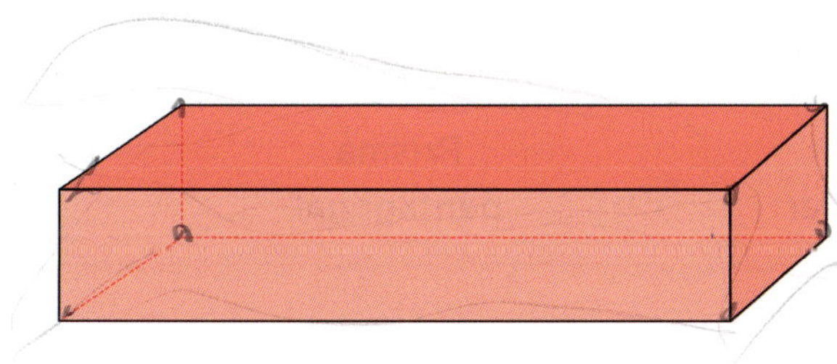

cares: 6

arestes: 12

vèrtexs: 8

Piràmide

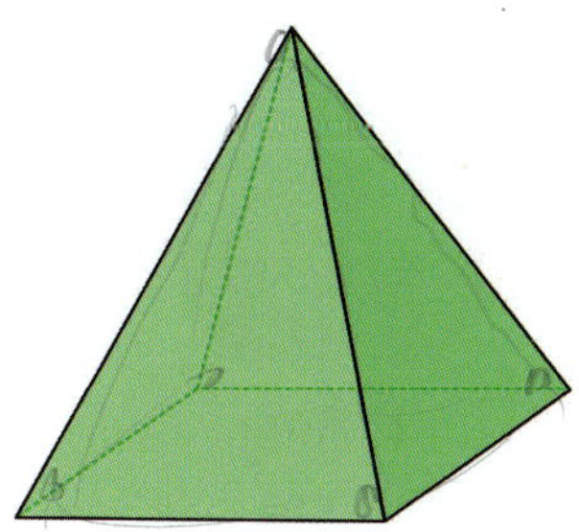

cares: 5

arestes: 8

vèrtexs: 5

Prismes

El **prisma** és un poliedre que consta de dues cares iguals i paral·leles anomenades **bases** i de **cares laterals** que són paral·lelograms.

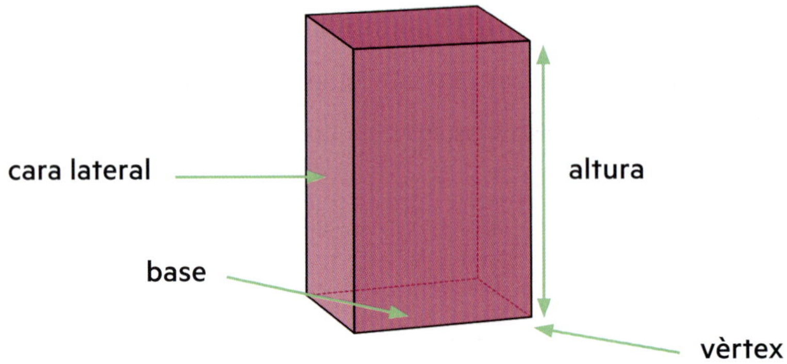

Característiques dels prismes

- Cares laterals: són les dues cares de forma rectangular que té el prisma.
- Bases: són les dues cares quadrades.
- Altura: és la distància que hi ha entre les dues bases.
- Vèrtexs: són els punts d'intersecció on es troben les cares.

El **cub** és un prisma que té totes les cares de forma quadrada.

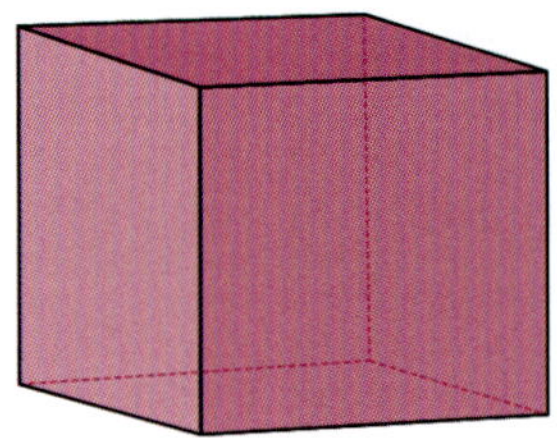

Els prismes s'anomenen per la forma de la seva base.

Prisma triangular

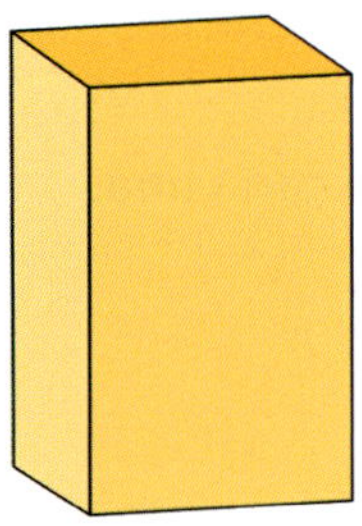

Prisma quadrangular

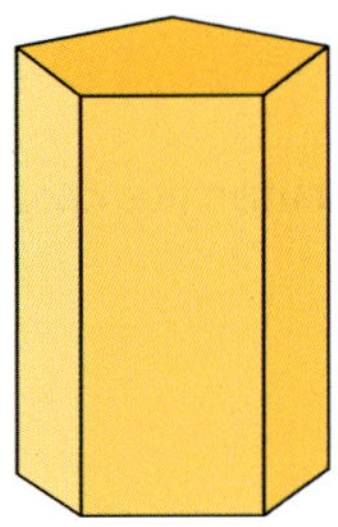

Prisma pentagonal

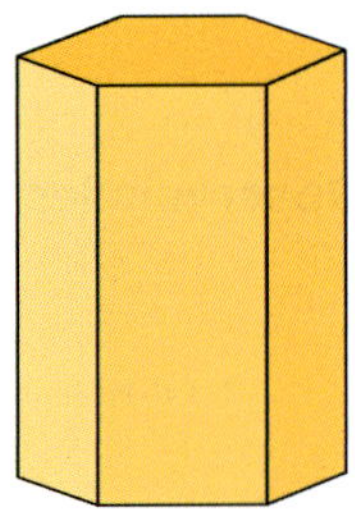

Prisma hexagonal

El prismes també poden ser:

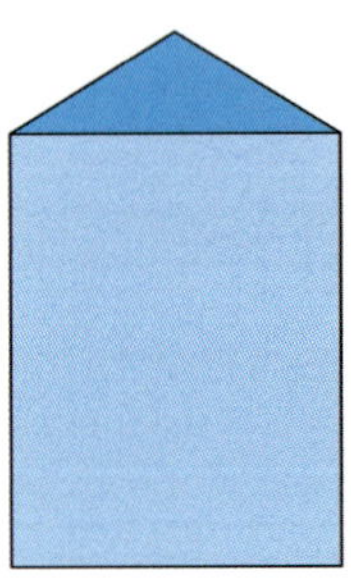

Prisma regular

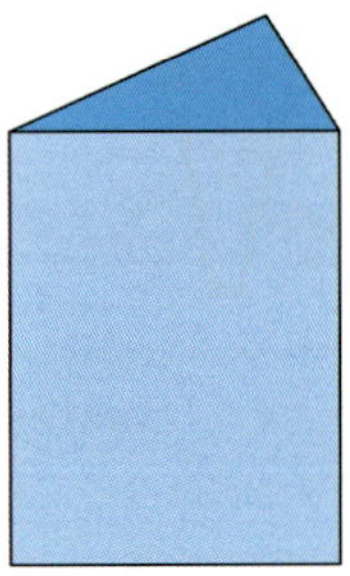

Prisma irregular

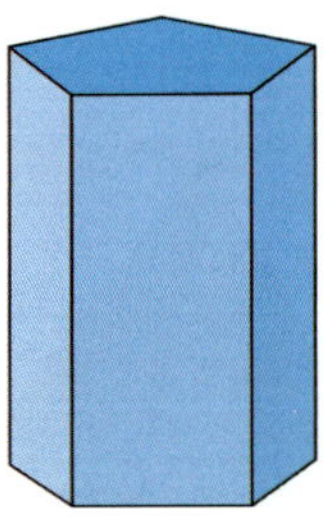

Prisma recte

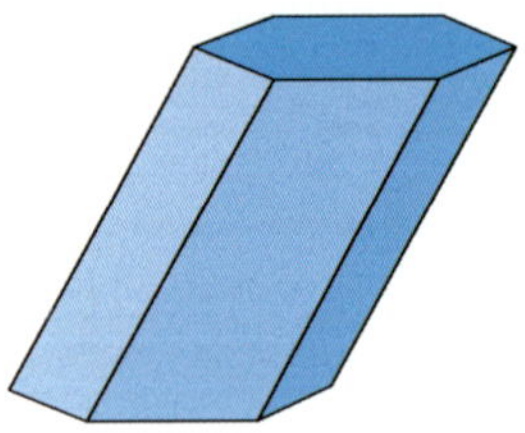

Prisma oblic

Figures tridimensionals amb cares corbes

Els cossos rodons són figures de tres dimensions que tenen cares corbes.

- Les cares dels cossos rodons són superfícies corbes.
- Les arestes són línies corbes.
- No tenen vèrtexs.

Esferes, cons i cilindres

Esfera

Con

Cilindre

Observem les figures per esbrinar les característiques de cada una.

Esfera

cares: 1

arestes: 0

vèrtexs: 0

Cilindre

cares: 3

arestes: 2

vèrtexs: 0

Con

cares: 2

arestes: 1

vèrtexs: 1

Poliedres regulars

Un **poliedre regular** és un poliedre les cares del qual són polígons regulars iguals i que formen entre les cares angles iguals.

Els poliedres regulars es coneixen també com a **cossos platònics**.

Observem les figures i les característiques de cada una.

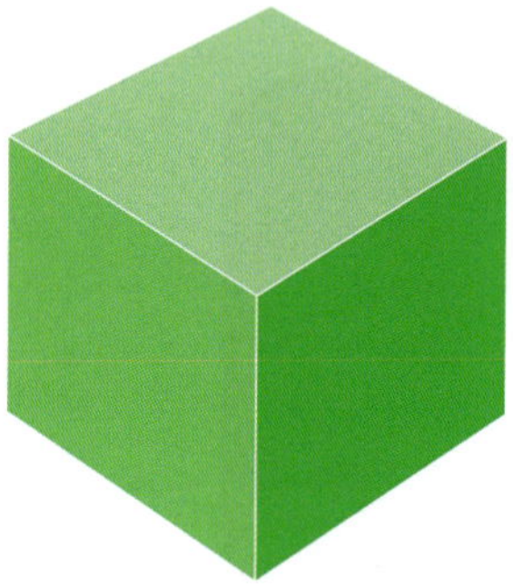

Cub-Hexaedre

cares: 6

arestes: 12

vèrtexs: 8

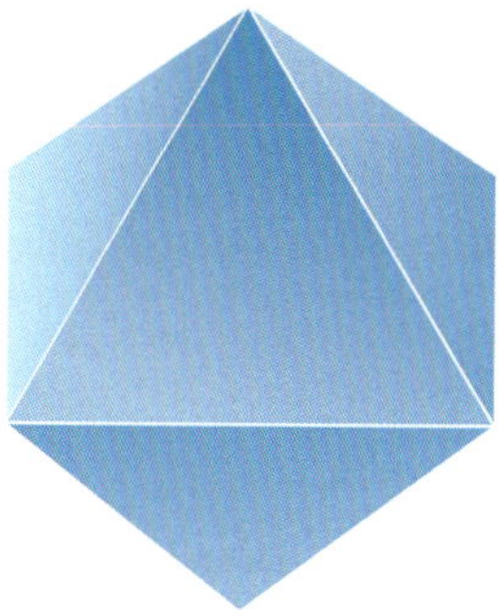

Octaedre

cares: 8

arestes: 12

vèrtexs: 6

Piràmide -Tetraedre

cares: 4

arestes: 6

vèrtexs: 4

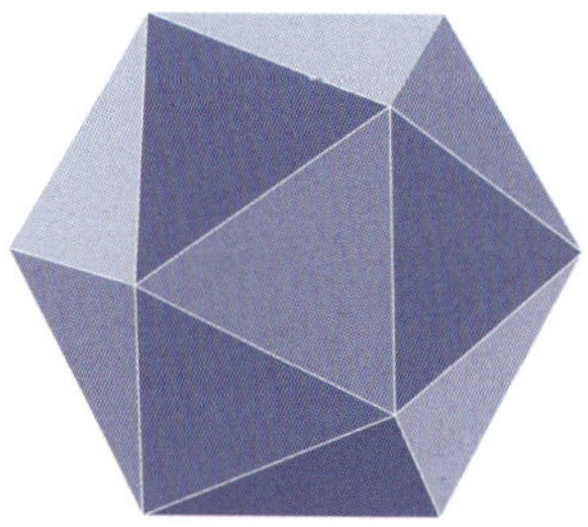

Icosaedre

cares: 20

arestes: 30

vèrtexs: 12

Dodecaedre

cares: 12

arestes: 30

vèrtexs: 20

Representació de figures tridimensionals

A quina de les figures de sota correspon aquesta representació?:

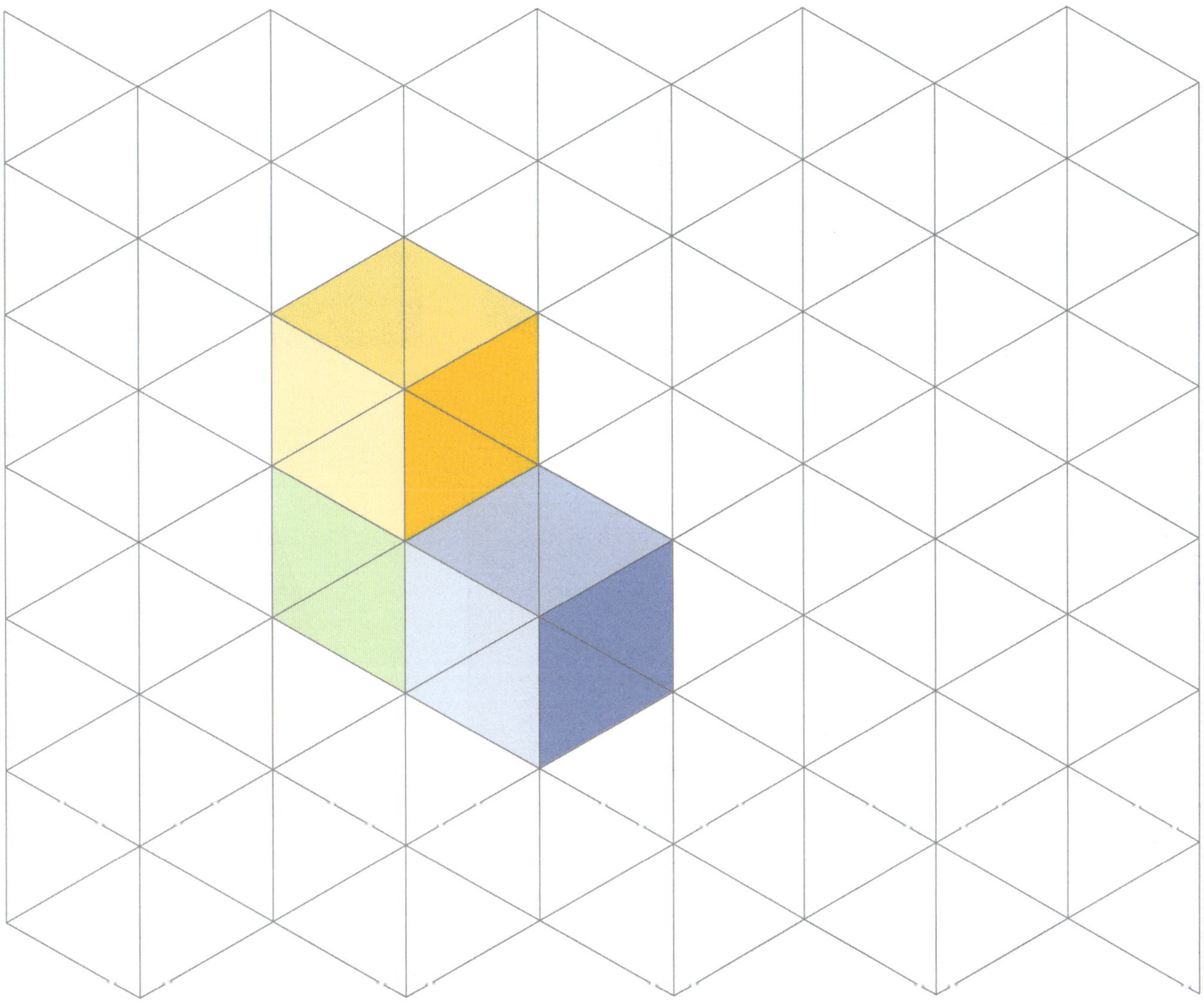

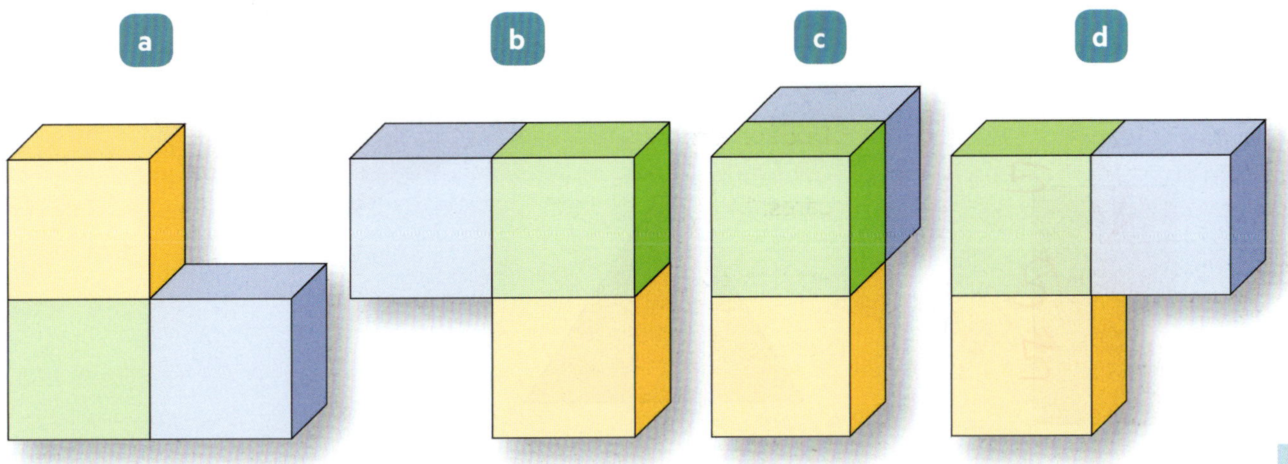

Relació entre figures planes i tridimensionals

A quines figures o cossos tridimensionals corresponen les cares de sota?

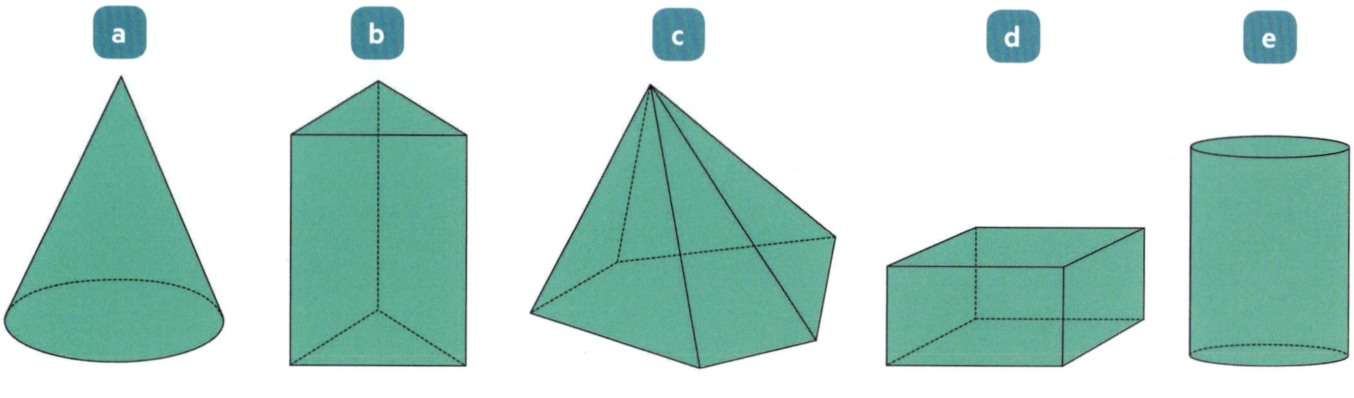

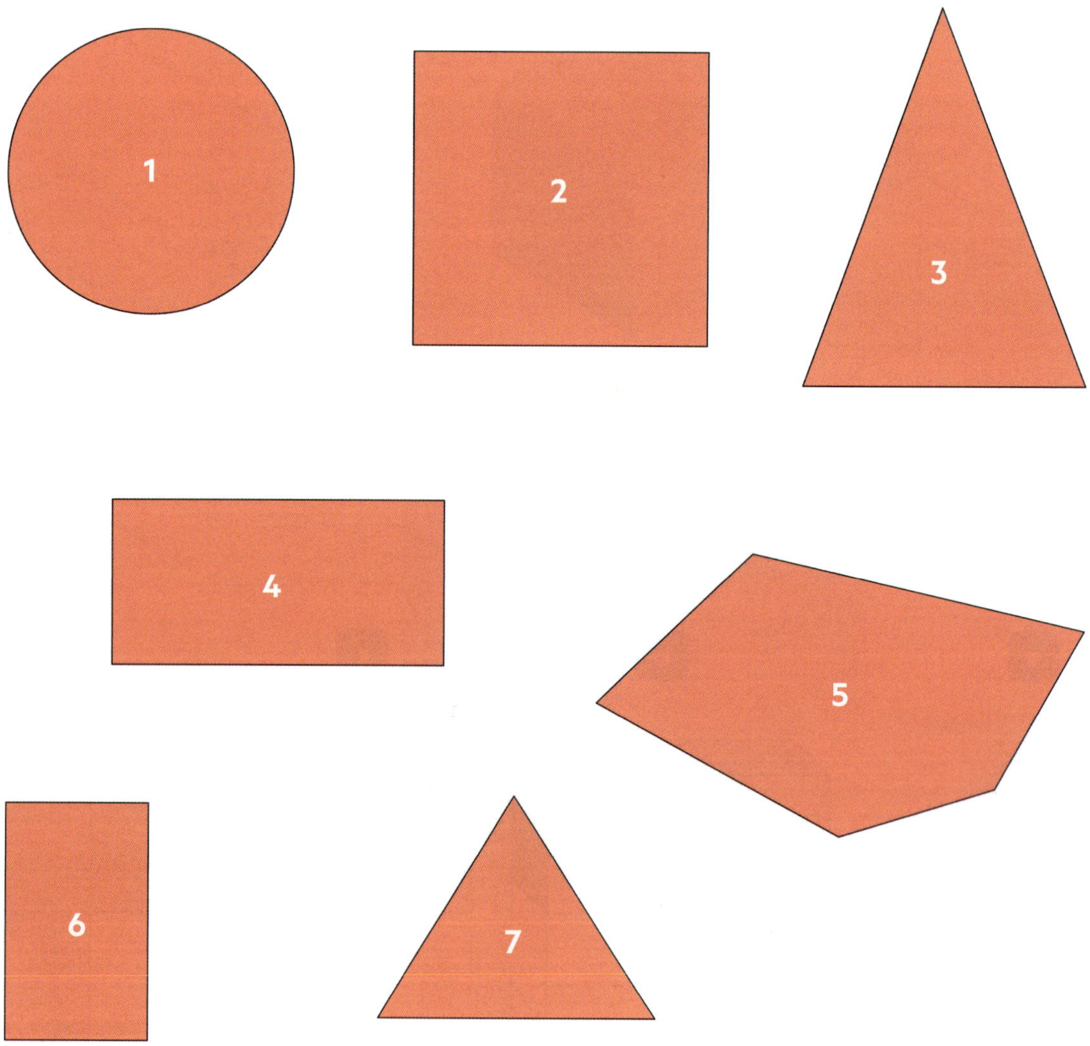

Línies corbes i línies rectes

Les línies poden ser de diferents tipus.

Línies corbes

Línia corba tancada

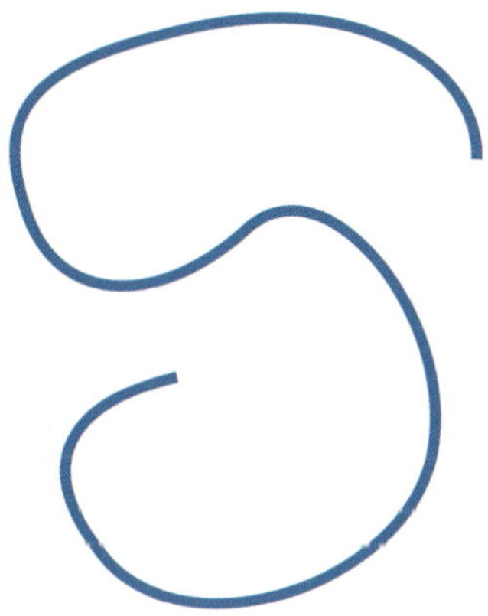

Línia corba oberta

Línies rectes

Línia recta poligonal tancada

Línia recta

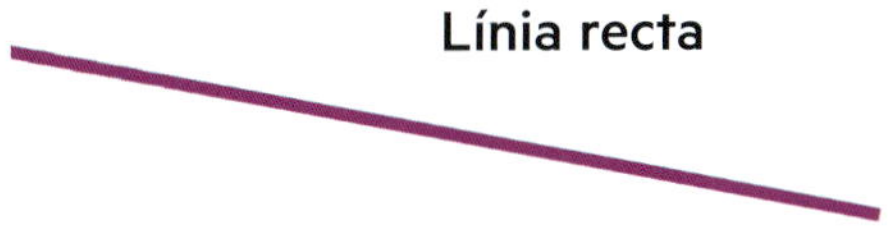

Línia recta poligonal oberta

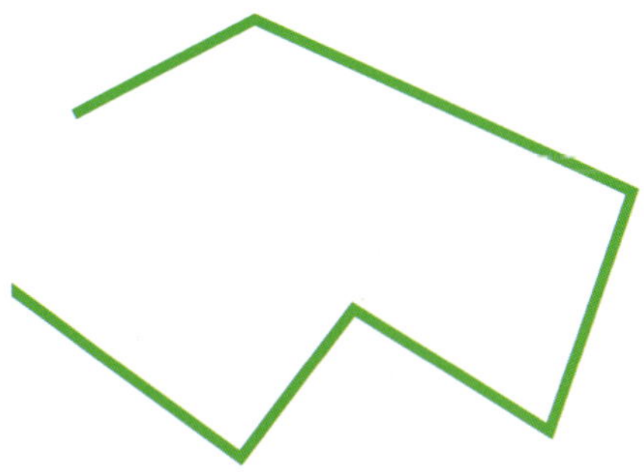

Rectes, semirectes i segments

Una línia no té principi ni final.

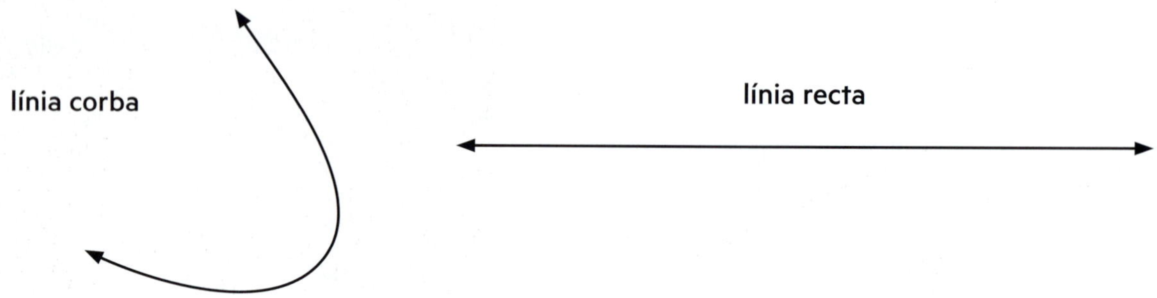

Un punt divideix una línia en dues semirectes.

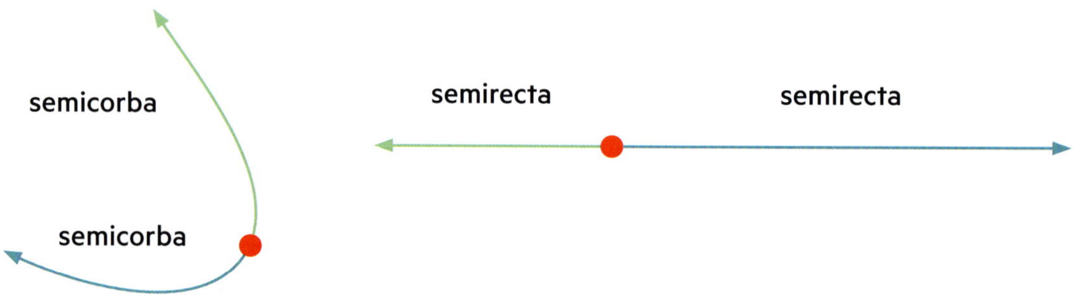

Una semicorba o una semirecta té principi però no té final.

La part de la línia que hi ha entre dos punts és un segment.

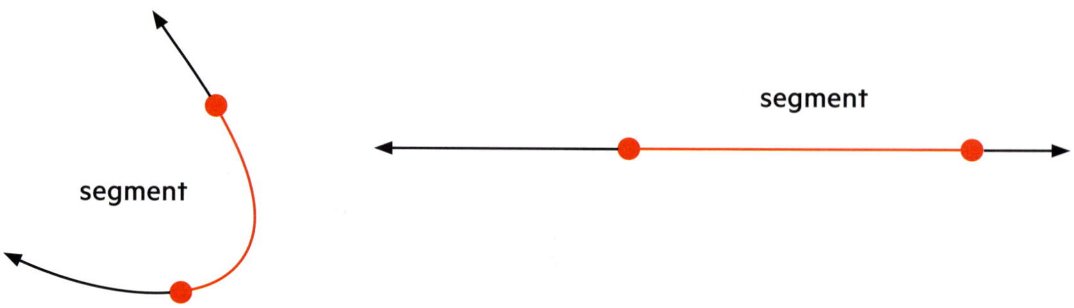

Un segment té principi i final.

Rectes paral·leles i rectes secants

Rectes paral·leles

Dues rectes són paral·leles quan no tenen cap punt en comú.

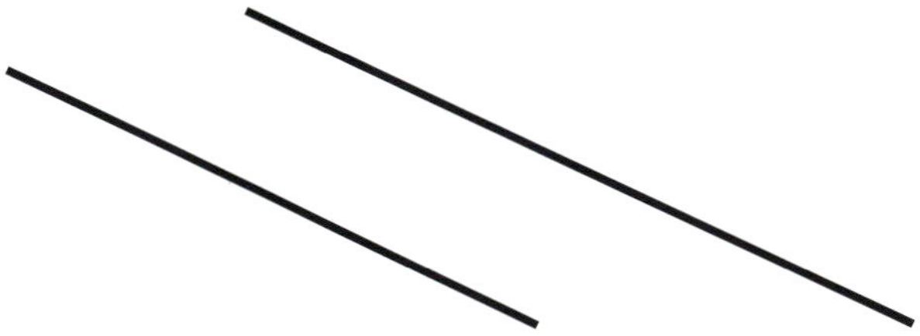

Rectes secants

Dues rectes són secants quan es tallen en un punt.

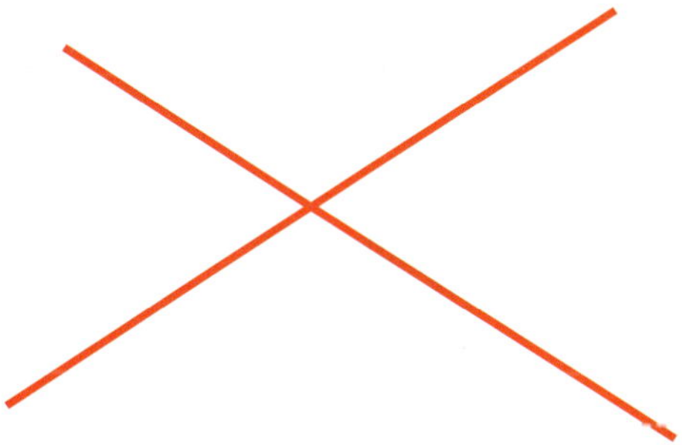

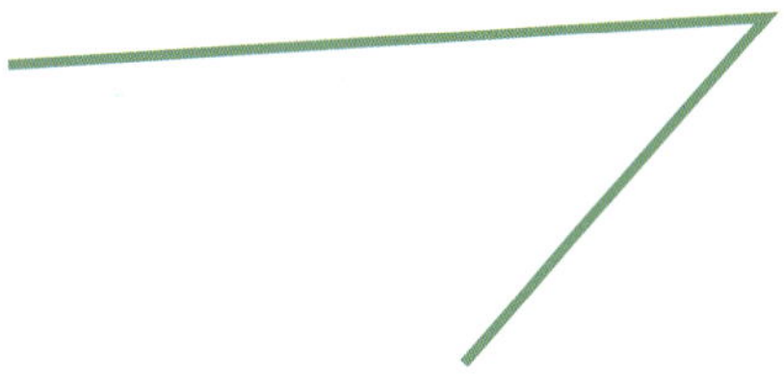

Rectes perpendiculars

Quan les rectes es tallen formant un angle recte s'anomenen **rectes perpendiculars**.

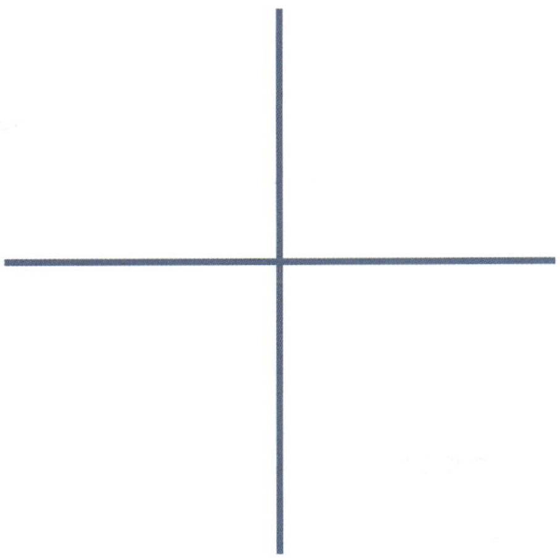

Mesura d'angles

Observem aquest angle:

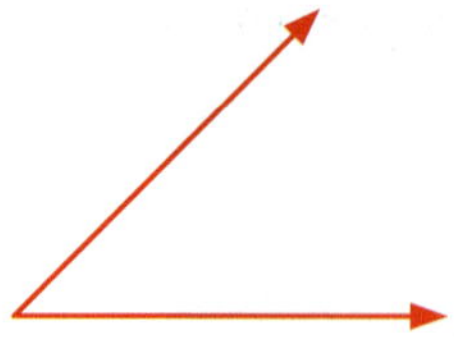

Ara comparem-lo amb aquests dos angles:

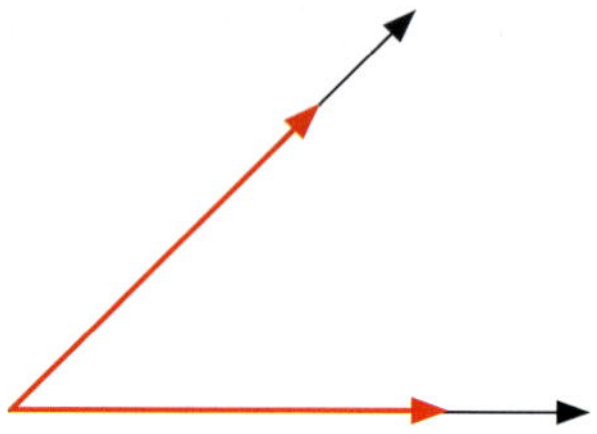

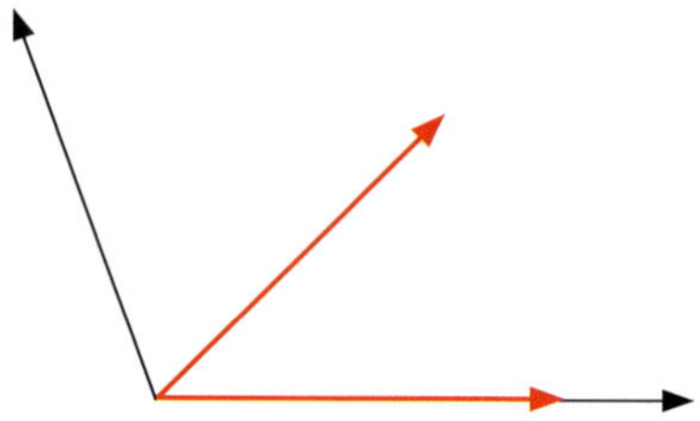

Per mesurar angles, primer determinem una unitat angular qualsevol i la comparem amb l'angle que hem de mesurar.

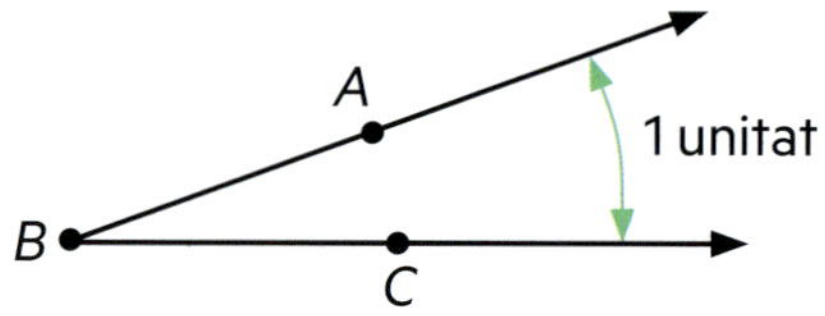

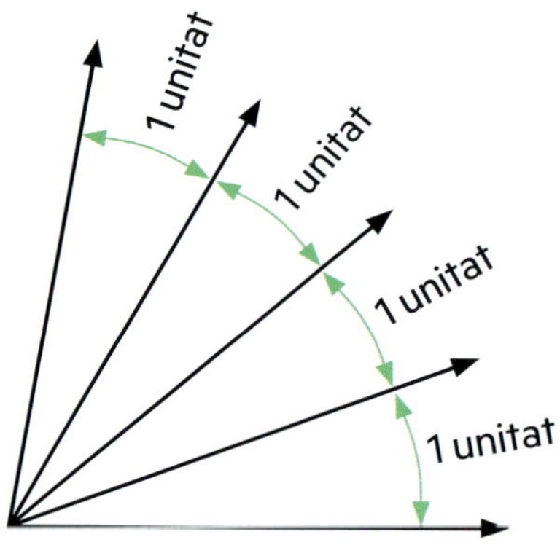

La unitat de mesura dels angles és el grau (°).
Un grau (°) és un angle molt petit.

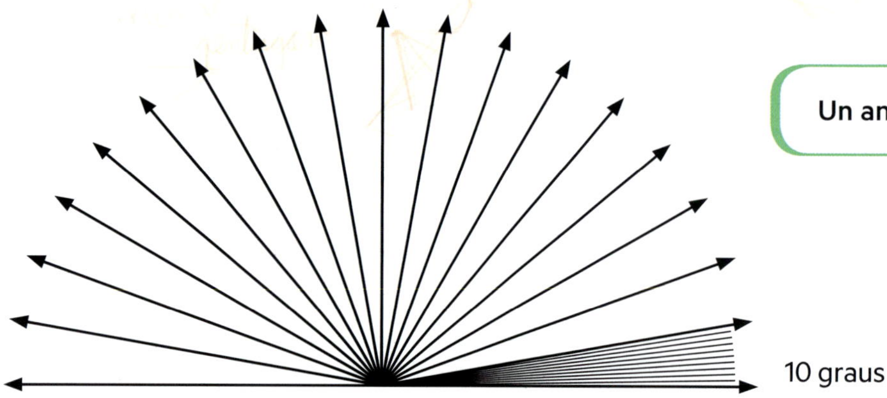

Un angle de 180° és un **angle pla**.

Per mesurar angles, fem servir el transportador.

Per mesurar un angle, hem de fer coincidir:

La línia del zero del transportador amb un costat de l'angle.

El punt central de la línia del 0 del transportador amb el vèrtex de l'angle.

Aquest angle mesura 60°.

▶ **Ara mesurem en graus els angles de les peces del material manipulatiu Pattern Blocks. Com s'haurà de posar el transportador en cada cas?**

Cercle

La **circumferència** és el perímetre d'un cercle.

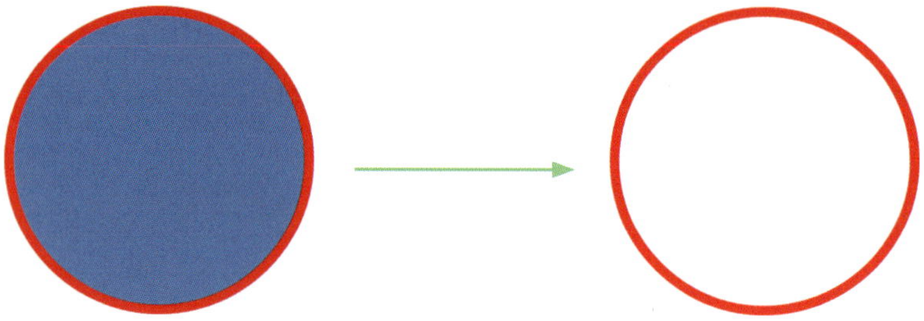

Parts del cercle

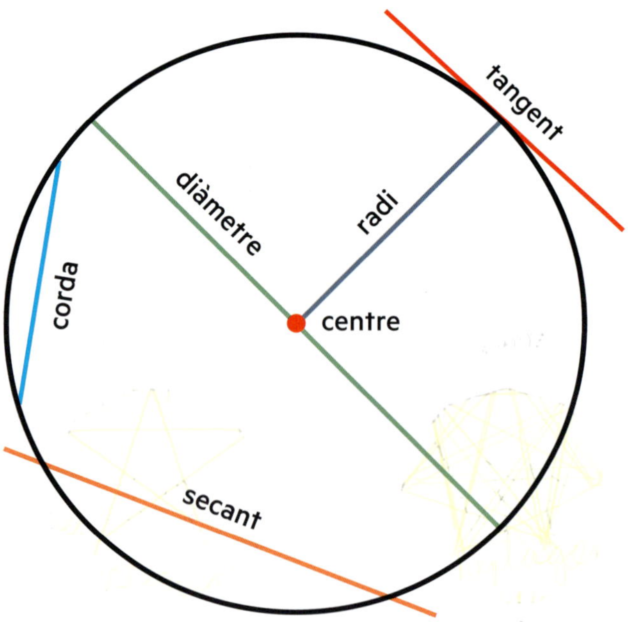

Centre: punt central que està a la mateixa distància de tots els punts que pertanyen a la circumferència.

Radi: segment que uneix el centre amb qualsevol punt pertanyent a la circumferència.

Corda: segment que uneix dos punts qualssevol d'una circumferència.

Diàmetre: és la corda més llarga que uneix dos punts d'una circumferència passant pel centre.

Secant: és la recta que talla dos punts qualssevol d'una circumferència.

Tangent: és la recta que toca a la circumferència en un sol punt i és perpendicular a un radi.

Polígons

Un **polígon** és una figura geomètrica plana tancada per segments rectes.

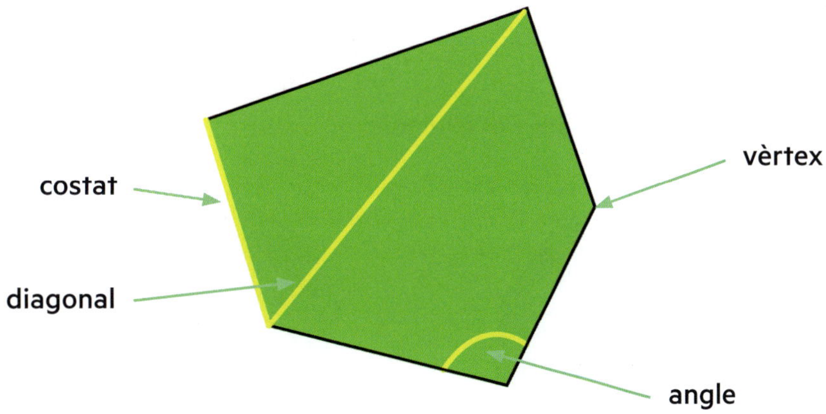

Costat: cada un dels segments rectes que formen un polígon.

Diagonal: segment que uneix dos vèrtexs no consecutius.

Vèrtex: punt comú entre dos costats consecutius.

Angle: amplitud entre els dos costats.

Polígons regulars

Els polígons regulars:

- Tenen els costats iguals.
- Tenen els angles iguals.
- Reben el nom segons el seu nombre de costats.

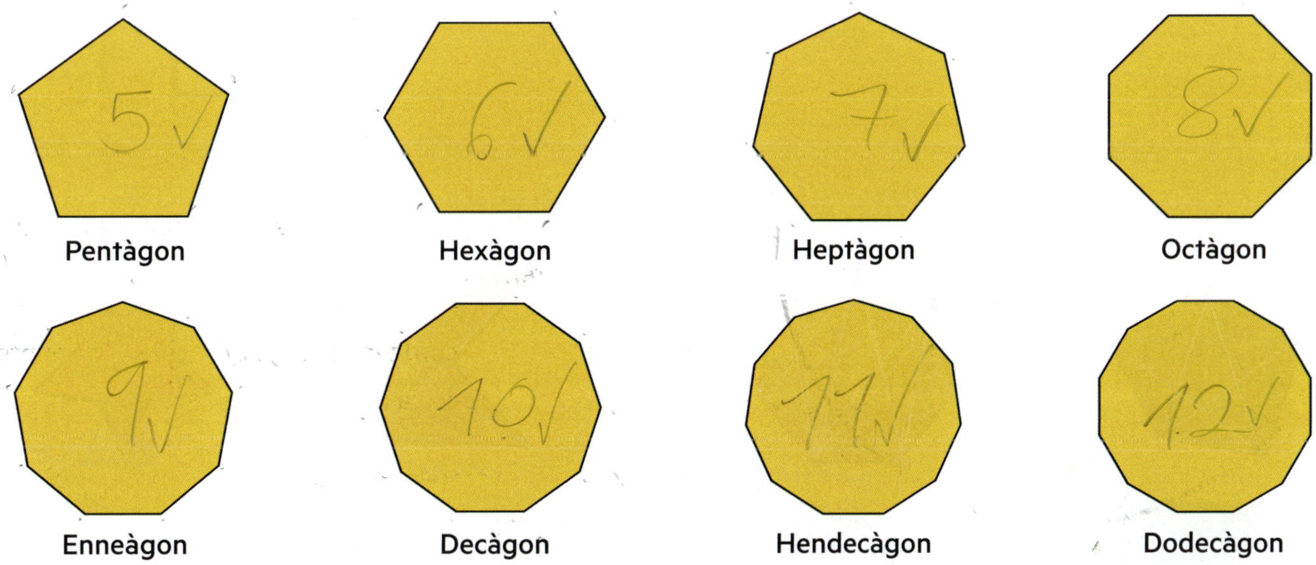

Els polígons de més de 12 costats se solen anomenar pel nombre de costats. Per exemple, un polígon regular de 13, 14 o 15 costats.

Polígons irregulars

Els polígons irregulars:

- No tenen els costats iguals.
- No tenen els angles iguals.
- Reben el nom segons el seu nombre de costats. Per exemple:

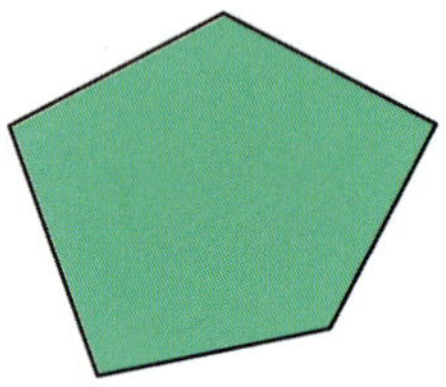

Pentàgon

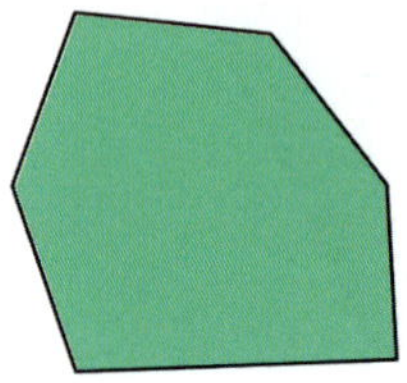

Hexàgon

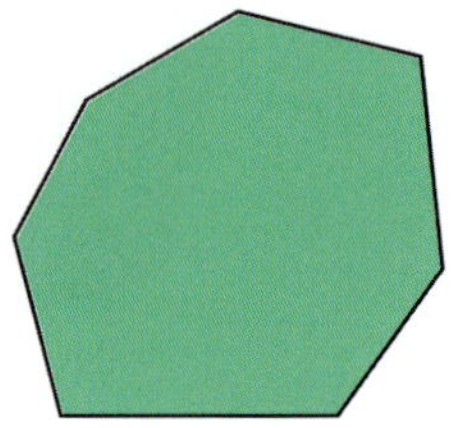

Heptàgon

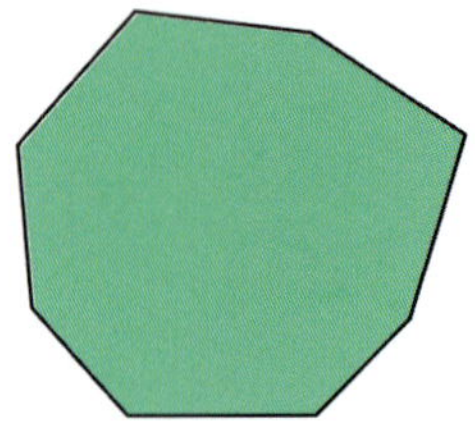

Octàgon

Polígons convexos

Si prenem dos punts interiors, el segment comprès entre aquests dos punts també està situat dins del polígon.

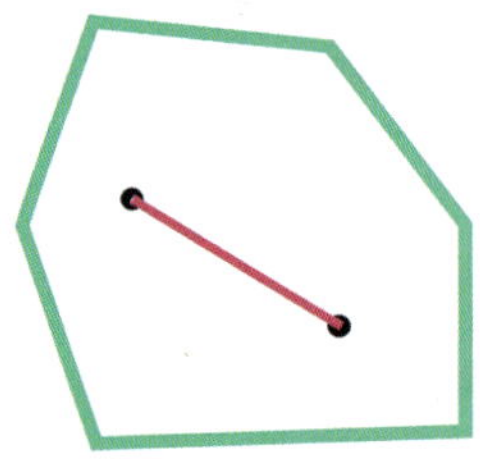

Polígons còncaus

Si prenem dos punts interiors, el segment comprès entre aquests dos punts no sempre està situat dins del polígon.

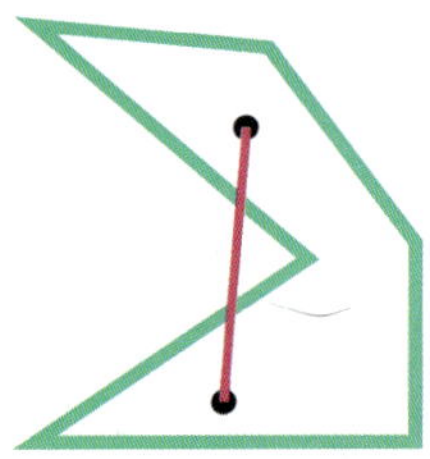

▶ **Anomenem aquests polígons i les característiques de cada un:**

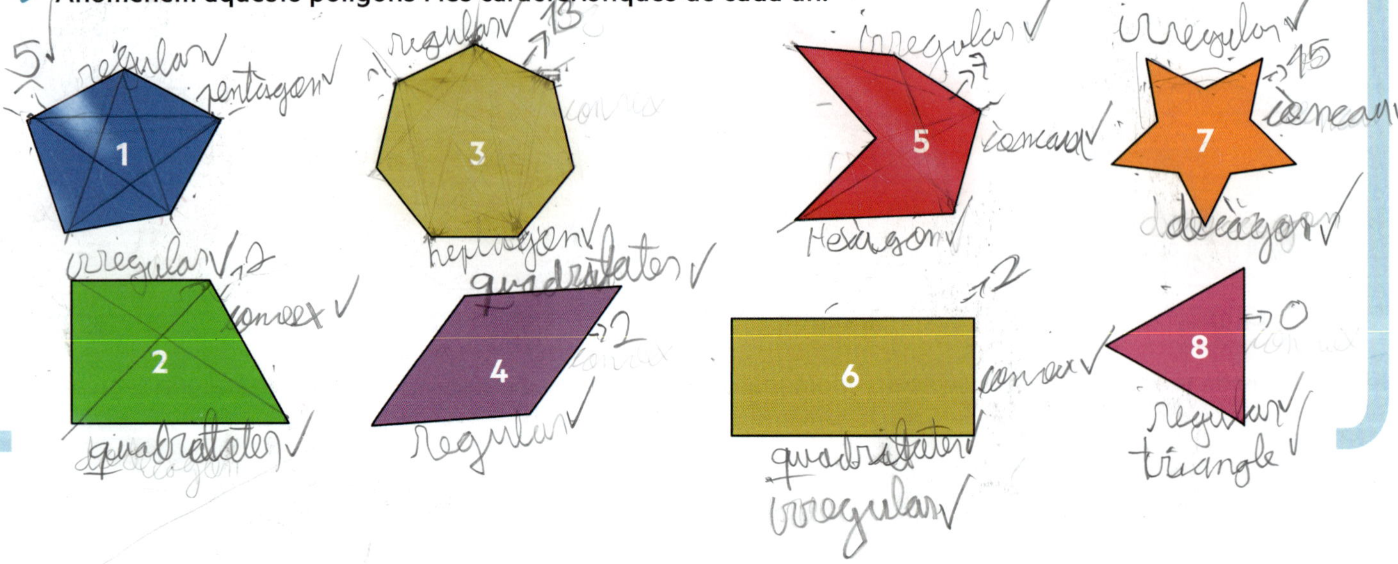

Polígon de tres costats: el triangle

Els triangles els podem agrupar segons com són els seus costats o els seus angles.

Classificació de triangles segons els costats

Equilàter	Isòsceles	Escalè
3 costats iguals	2 costats iguals	cap costat igual

Classificació de triangles segons els angles

Obtusangle	Acutangle	Rectangle
1 angle obtús	3 angles aguts	1 angle recte

▶ **Anomenem aquests triangles segons els seus costats i els seus angles:**

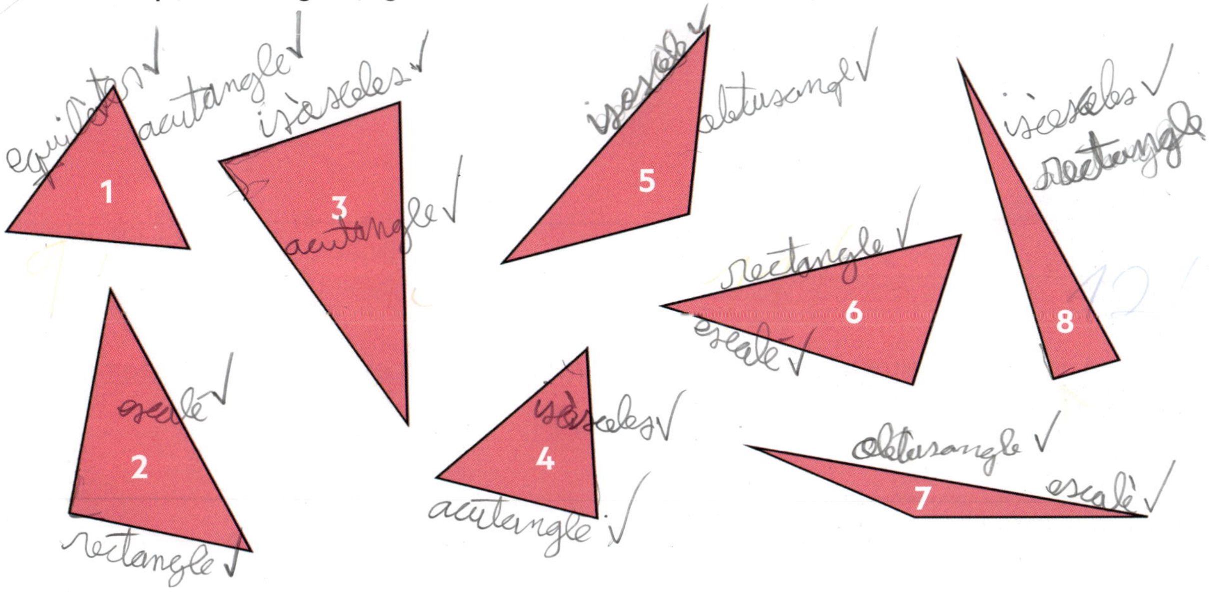

Construcció de triangles

- Podem fer servir aquest angle i aquests dos segments per dibuixar un triangle:

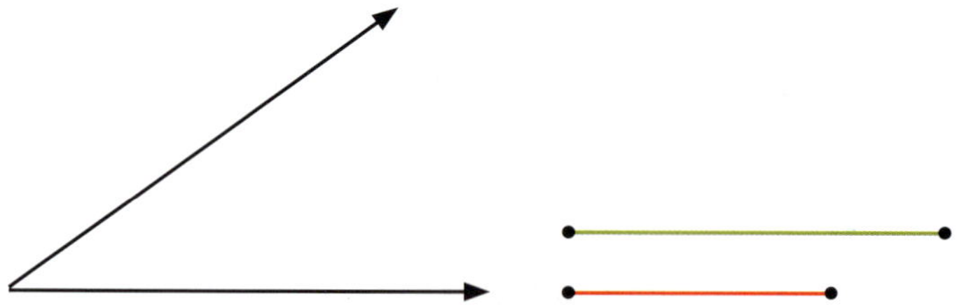

Col·loquem cada segment sobre els costats de l'angle i partint de l'origen.

Unim els punts finals dels dos segments.

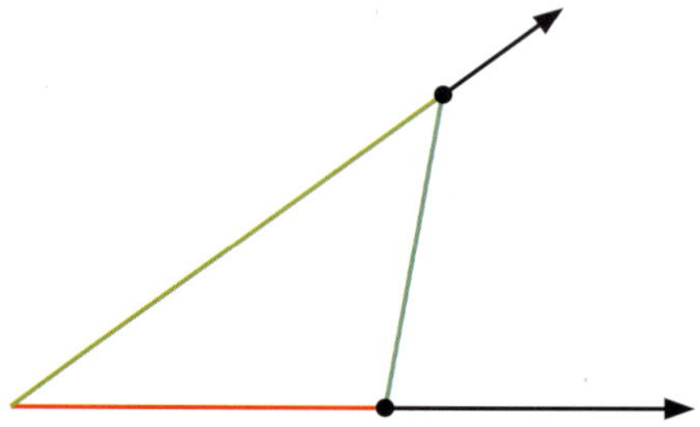

- Podem construir el triangle fent servir el mateix angle i els mateixos segments d'una altra manera.

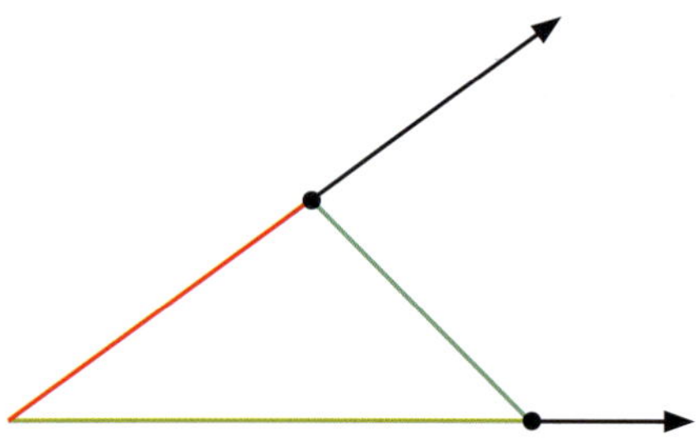

Dibuixem aquest segon triangle en un paper i el fem coincidir amb el primer. Són idèntics? Són congruents?

- En aquest dibuix podem veure com es pot construir un triangle amb dos angles i un segment:

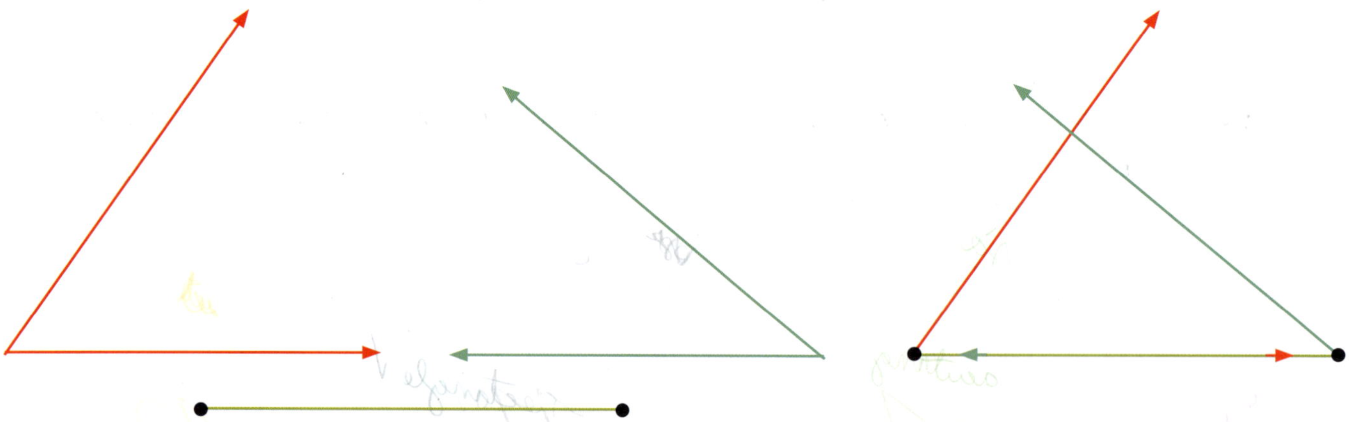

- Ara dibuixem en un paper un altre triangle d'una altra manera fent servir els dos angles i el segment anteriors. Són congruents, els dos triangles?

Suma dels angles d'un triangle

Fem aquesta investigació sobre els angles d'un triangle:

1 Agafem una cartolina i dibuixem un triangle com el del dibuix.

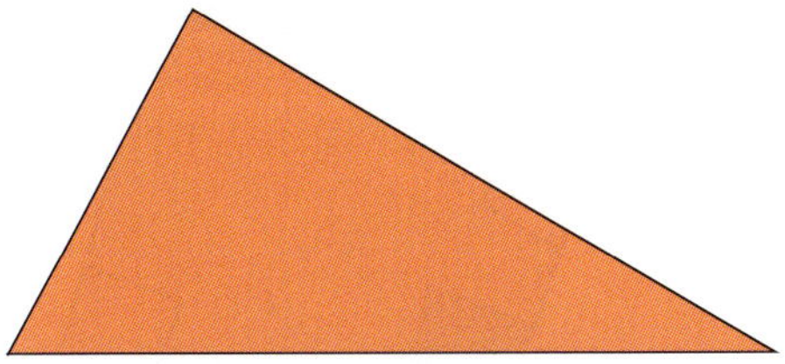

2 Retallem els tres angles del triangle.

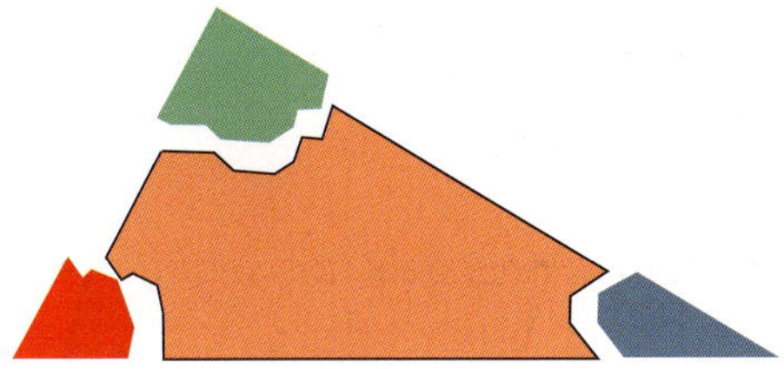

3 Agafem els tres angles del triangle i els col·loquem l'un al costat de l'altre.

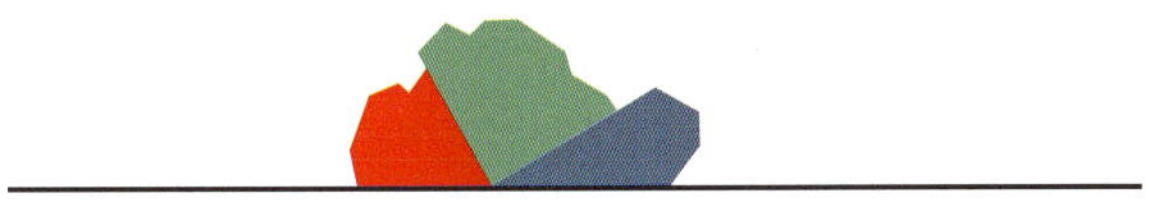

La suma dels tres angles d'un triangle equival a un angle pla.

Recordem que un angle pla mesura 180°.

Aleshores, podem dir que els angles d'un triangle mesuren 180°.

▶ **Fem servir el transportador i mesurem els tres angles d'uns quants triangles. Comprovem que tots sempre sumen 180°.**

Suma dels angles d'un quadrilàter

A continuació investiguem sobre els angles d'un quadrilàter:

1 Construïm un quadrilàter.

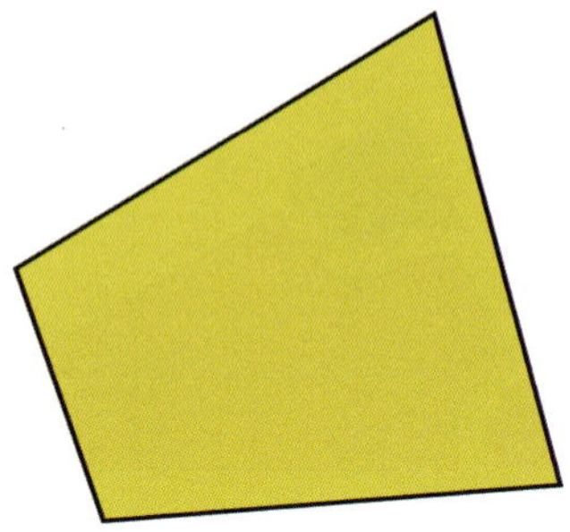

2 Retallem els quatre angles del quadrilàter.

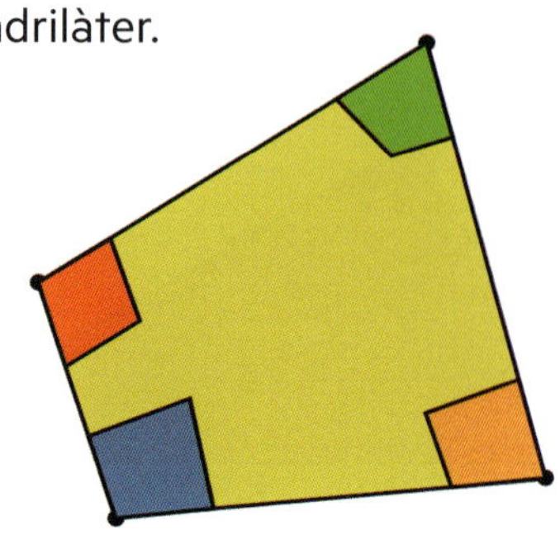

3 Ajuntem els quatre angles del quadrilàter i els col·loquem l'un al costat de l'altre.

Els quatre angles d'un quadrilàter sumen 360°.

Per trobar la suma dels angles de qualsevol polígon podem descompondre la figura en dos triangles.

Per descompondre el quadrilàter en dos triangles, ens pot ajudar traçar una de les diagonals.

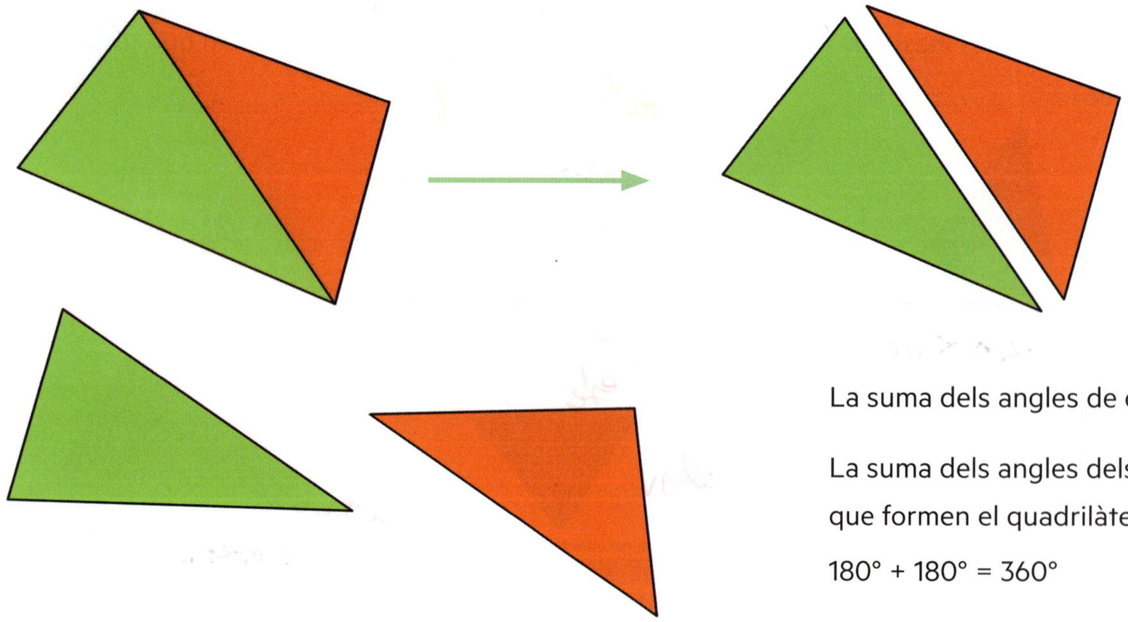

La suma dels angles de cada triangle és 180°.

La suma dels angles dels dos triangles que formen el quadrilàter és:

180° + 180° = 360°

Tipus de quadrilàters

Quadrilàters

- 4 costats

Paral·lelograms

- Costats oposats paral·lels.

Rectangle

- Costats iguals dos a dos.
- 4 angles rectes.

Quadrat

- 4 costats iguals.

Rombe

- Costats iguals.
- Angles iguals dos a dos.

Romboide

- Costats iguals dos a dos.
- Angles iguals dos a dos.

Trapezis

- 2 costats paral·lels.

isòsceles

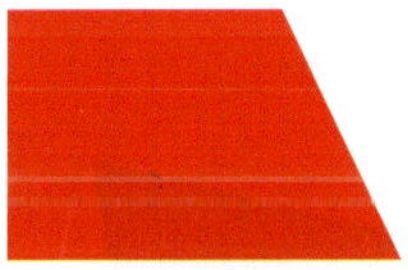

rectangle

escalè

Trapezoides

- Cap costat paral·lel.

simètric

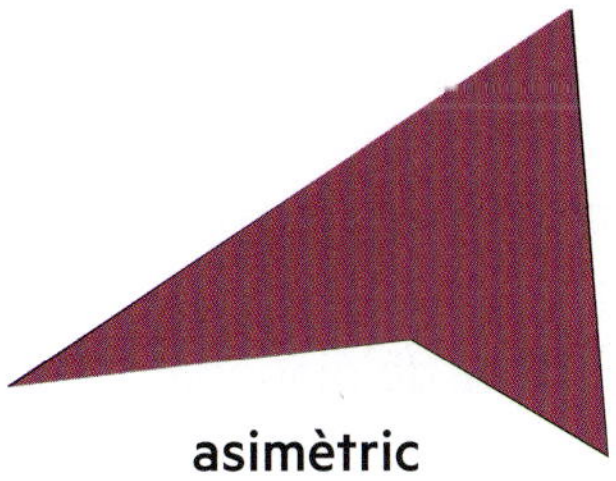

asimètric

Diagonals d'un polígon

Els segments que van del punt 5 al punt 2 i al punt 3 són diagonals d'aquest polígon.

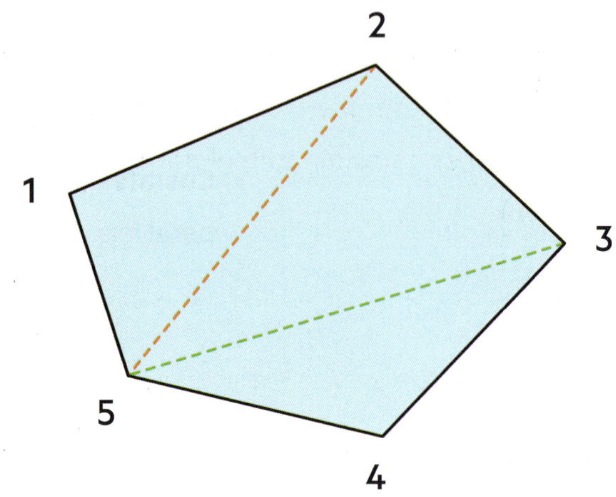

Recordem que s'anomena **diagonal** el segment que uneix dos vèrtexs no consecutius.

- Quantes diagonals té cada un dels polígons de sota?
- Quin polígon no té diagonals?

nombre de costats: 4

nombre de diagonals: 2

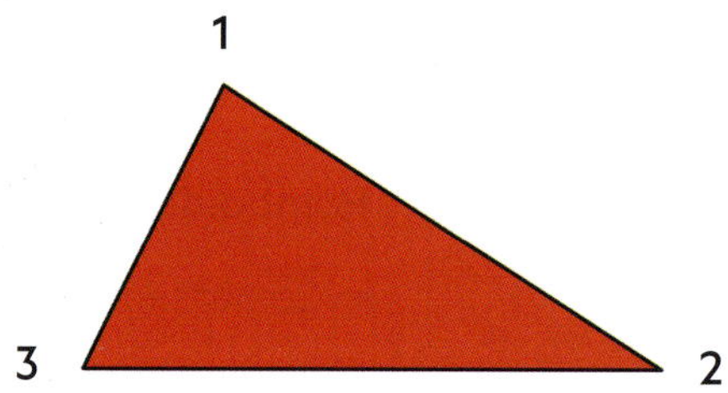

nombre de costats: 3

nombre de diagonals: 0

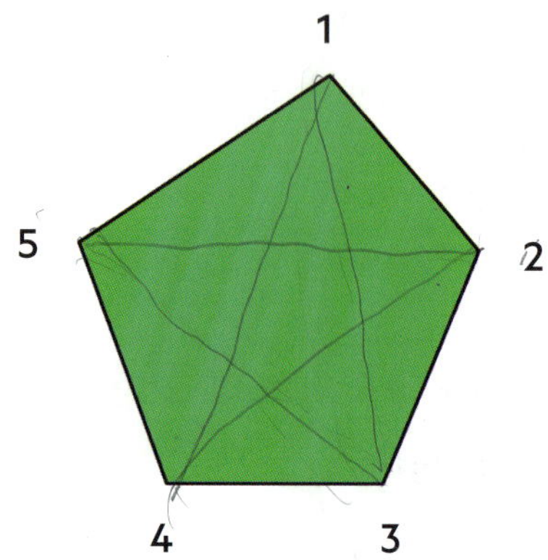

nombre de costats: 5

nombre de diagonals: 5

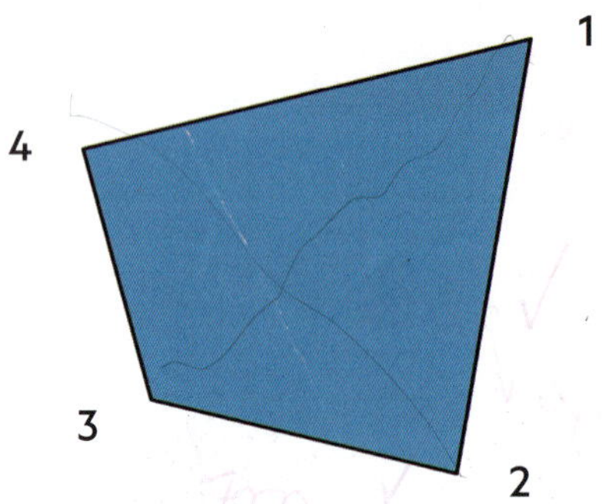

nombre de costats: 4

nombre de diagonals: 2

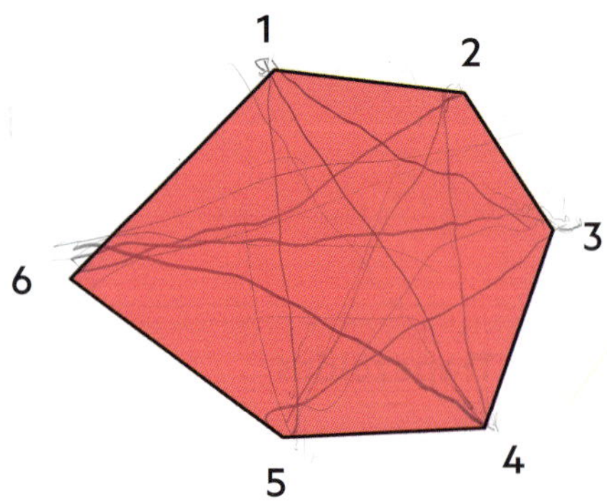

nombre de costats: 6

nombre de diagonals: 9

Figures congruents

Proposem fer una investigació a partir de dibuixar el triangle Δ *ABC* i després tornar-lo a dibuixar desplaçat, fent-lo coincidir amb el triangle Δ *EFG*, com al dibuix.

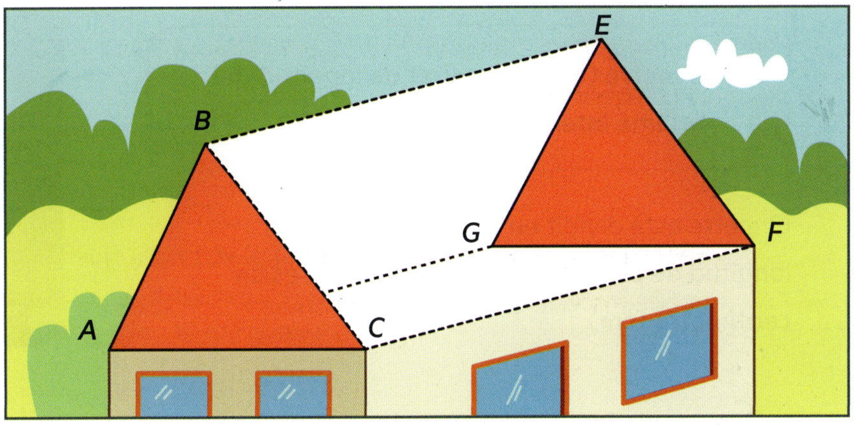

Observem els dos triangles de la teulada de la casa.

- Són idèntics, els dos triangles?
- Els vèrtexs que coincideixen són:

A ⟶ *G*
B ⟶ *E*
C ⟶ *F*

- Ara fixem-nos en els triangles verd i vermell.

Si girem el triangle verd obtindrem el triangle vermell.

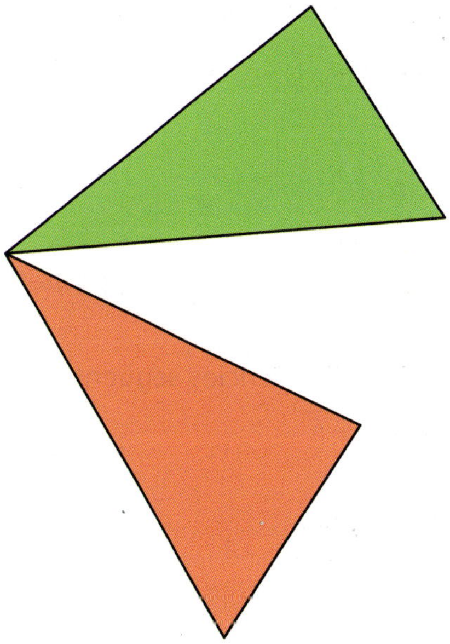

Per tant, els triangles verd i vermell són **congruents**.

- Si reflectim el triangle taronja en un mirall obtindrem el triangle lila.

Aleshores, els triangles taronja i lila són congruents.

3 ESPAI I FORMA Geometria

El metre, el centímetre i el mil·límetre

El **metre** (m) és la unitat de longitud del sistema internacional de mesures.

El metre està dividit en 100 parts iguals. La longitud de cadascuna d'aquestes parts és un **centímetre** (cm).

- Observem i completem aquestes equivalències:

1 m = 100 cm

4 m = 400 cm

6 m = 600 cm

9 m = 900 cm

La paraula **centímetre** comença pel prefix **centi-**, que significa 'centèsima part'. Per tant, un centímetre és la centèsima part d'un metre.

Cada centímetre el podem dividir en 10 parts. Cadascuna d'aquestes parts més petites és un **mil·límetre** (mm).

- Ara observem les equivalències següents:

1 cm = 10 mm

3 cm = 30 mm

5 cm = 50 mm

8 cm = 80 mm

1 m = 1000 mm

2 m = 2000 mm

6 m = 6000 mm

8 m = 8000 mm

La paraula **mil·límetre** comença pel prefix **mil·li-**, que significa 'mil·lèsima part'. Per tant, un mil·límetre és la mil·lèsima part d'un metre.

▶ **Completem aquestes equivalències:**

700 cm = 7000 mm

10 mm = 1 cm

8 m 3 cm = 8030 mm

50 cm = 500 mm

3,5 m = 350 cm

2000 mm = 2 m

El metre i el quilòmetre

El **quilòmetre** (km) és la unitat internacional de longitud que serveix per mesurar grans longituds i distàncies.

El prefix **quilo-** significa 'mil'. Per tant, un quilòmetre és igual a 1000 metres.

Per canviar unitats de longitud, podem fer servir la màquina de canvi transformadora.

- Observem a continuació dos exemples de canvi de quilòmetres a metres i de metres a mil·límetres.

ENTRADA	CANVI	SORTIDA
5 km →	$\frac{1000\text{ m}}{1\text{ km}}$ →	☐ m

$$5\text{ km} \times \frac{1000\text{ m}}{1\text{ km}} = 5\,000\text{ m}$$

$5 \times 1000 = 5\,000$

$5\,000 : 1 = 5\,000$ m

ENTRADA	CANVI	SORTIDA
6 m →	$\frac{1000\text{ mm}}{1\text{ m}}$ →	☐ mm

$$6\text{ m} \times \frac{1000\text{ mm}}{1\text{ m}} = 6\,000\text{ mm}$$

$6 \times 1000 = 6\,000$

$6\,000 : 1 = 6\,000$ mm

▶ **Completem aquestes equivalències:**

7000 m = 7 km ✓

80 km = 80000 m ✓

8,27 km = 8270 m ✓

50 m = 5000 cm ✓

300 cm = 3 m ✓

2000 m = 2 km ✓

Perímetre

El **perímetre** és la longitud del contorn d'una figura plana.

Per trobar el perímetre d'una figura s'ha de sumar la longitud de tots els seus costats.

Per poder sumar tots els costats d'una figura, hem de fer servir la mateixa unitat de longitud.

La suma de les longituds dels costats d'aquest rectangle és:
5 m + 10 m + 5 m + 10 m = 30 m

El perímetre del rectangle és de 30 m. √

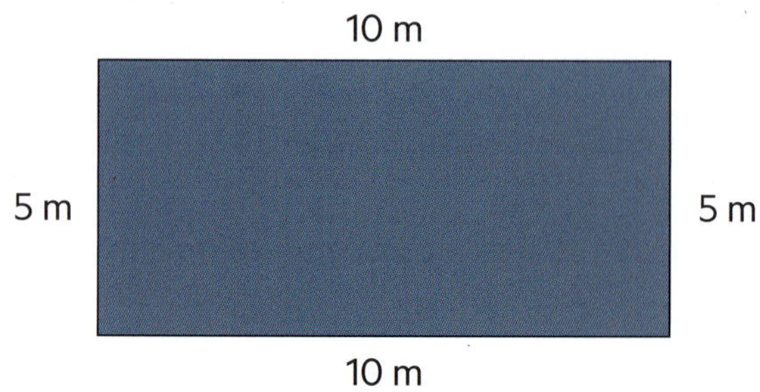

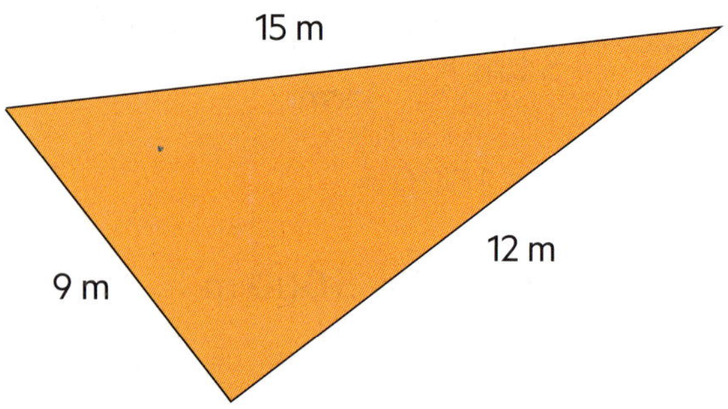

El perímetre d'aquest triangle és:

9 m + 15 m + 12 m = 36 m √

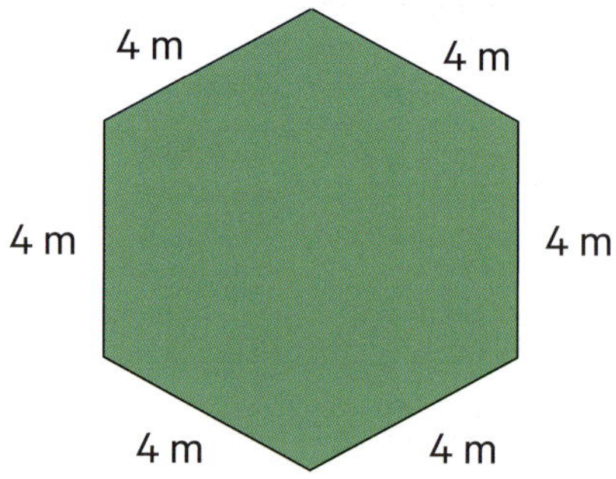

El perímetre d'aquest hexàgon és:

4 m + 4 m + 4 m + 4 m + 4 m + 4 m = 24 m √

▶ **Ara calculem el perímetre de cada una de les figures:**

a

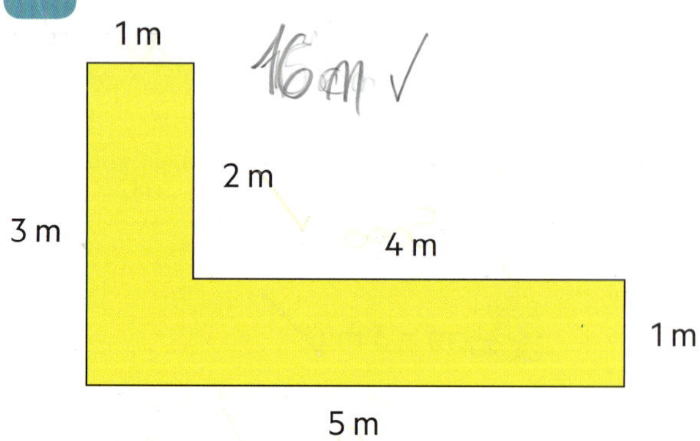

16 m √

b

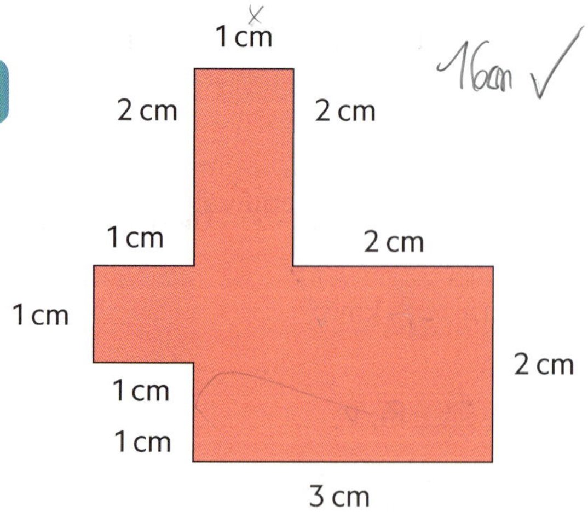

16 cm √

Mesura de superfícies

L'**àrea** d'una figura plana és el nombre d'unitats quadrades que la constitueixen.

Cada unitat de longitud del sistema internacional de mesures determina una unitat de **superfície**.

El **metre quadrat (m^2)** és la superfície d'un quadrat els costats del qual mesuren 1 m.

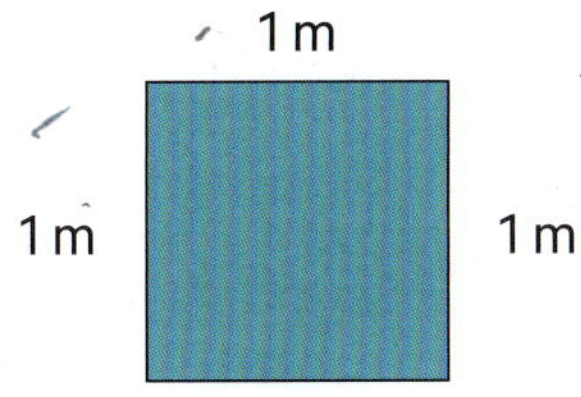

àrea: 1 m^2

Altres unitats de superfície són el centímetre quadrat (cm^2) i el quilòmetre quadrat (km^2).

Per mesurar superfícies petites, fem servir el **centímetre quadrat (cm^2)**.

Per mesurar superfícies grans, fem servir el **quilòmetre quadrat (km^2)**.

superfície: 322,5 cm^2

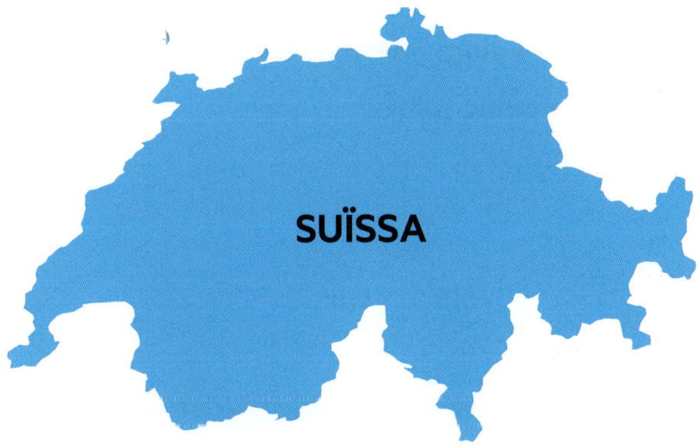

superfície: 41 285 km^2

Per mesurar superfícies grans, també fem servir l'**hectàrea (ha)**. 1 ha = 10 000 m^2

Per calcular l'àrea d'un rectangle, hem de multiplicar el nombre d'unitats quadrades (u^2) de cada fila (llargada) pel nombre d'unitats quadrades de cada columna (amplada). En aquest cas ho farem en centímetres quadrats (cm^2).

6 × 4 = 24

àrea = 24 cm^2

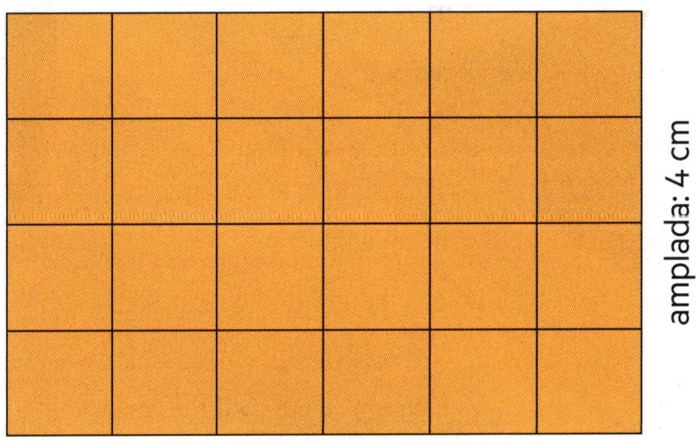

llargada: 6 cm

Per comprovar l'àrea d'aquest rectangle, comptem els quadrats.

Mesura de volums

El **volum** d'una figura tridimensional equival al nombre d'unitats cúbiques que conté.

Cada unitat de longitud del sistema internacional de mesures determina una unitat de volum.

El **metre cúbic (m^3)** és la unitat de volum d'un cub les arestes del qual mesuren 1 m.

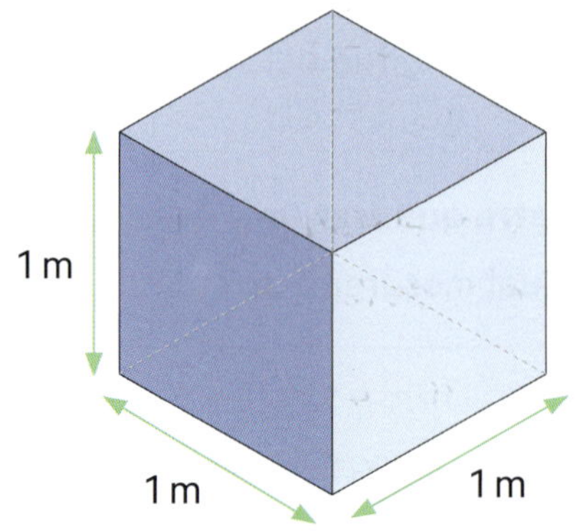

volum: 1 m^3

Altres unitats de volum que es fan servir sovint són el centímetre cúbic (cm^3) i l'hectòmetre cúbic (hm^3).

Per mesurar volums petits, fem servir el **centímetre cúbic** (cm^3).

volum: 1 cm^3

Per mesurar la capacitat dels embassaments, per exemple, fem servir els **hectòmetres cúbics** (hm^3).

$1\ hm^3 = 1000000\ m^3$

Per obtenir el volum d'una caixa de base rectangular, fem servir la multiplicació.

- Per calcular l'**àrea** de la base de la caixa, multipliquem els cubs de la llargada pels cubs de l'amplada.

  $6 \times 5 = 30$

  àrea: 30 m^2

- Per calcular-ne el **volum**, multipliquem l'àrea de la base pels cubs de l'altura.

  $30 \times 4 = 120$

  volum: 120 m^3

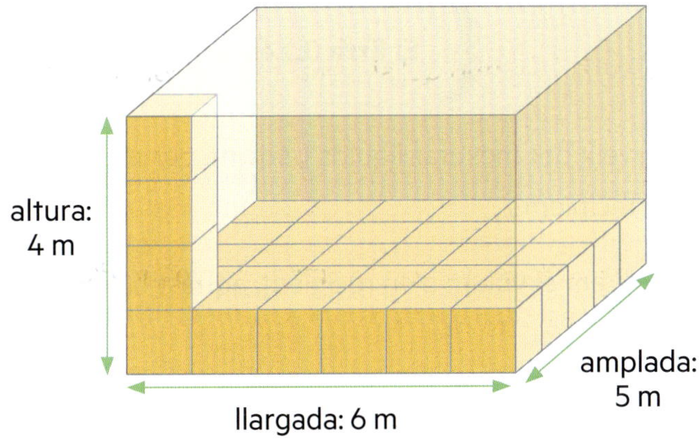

- Podem comprovar el volum de la caixa comptant el nombre de cubs o unitats cúbiques que conté, cosa que farem multiplicant els cubs de la llargada pels de l'altura.

De vegades, però, ens trobarem que no podrem calcular el volum d'un cos mitjançant aquest sistema.

- Per calcular el volum d'aquesta caixa, hem de multiplicar l'àrea de la base (9,5 m × 4,5 m) per l'altura (5 m).

  àrea de la base = 9,5 m × 4,5 m = 42,75 m^2

  volum = 42,75 m^2 × 5 m = 213,75 m^3

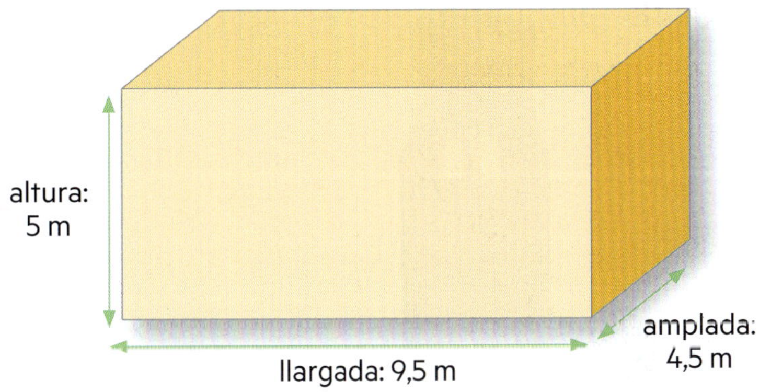

Trobem el volum dels dos prismes als quals corresponen aquestes dades:

llargada: 7,5 cm

amplada: 2,4 cm

altura: 5 cm

volum:

llargada: 6,5 km

amplada: 2 km

altura: 2,5 km

volum:

3 ESPAI I FORMA
Mesura

Unitats de capacitat

El litre

El **litre (L)** és la unitat de capacitat del sistema internacional de mesures.

El litre serveix per mesurar líquids i, sovint, per mesurar el volum de recipients.

Quan mesurem el volum d'un recipient, aquest ha de ser ple de líquid.

Si hem d'omplir de líquid un cub que té 10 cm d'aresta, caldrà que hi fiquem aproximadament 1 L.

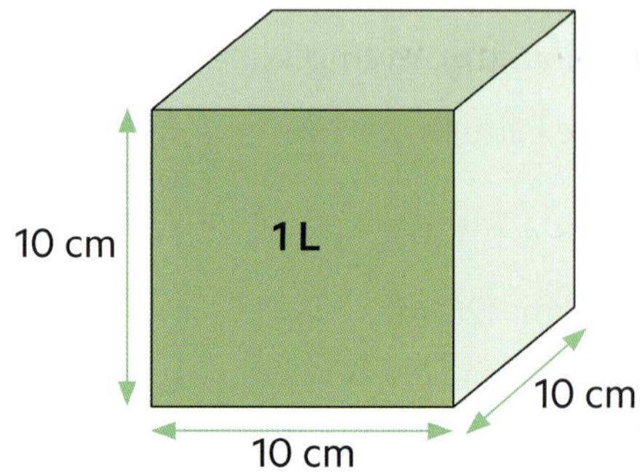

Hi ha molts líquids que es mesuren i es venen en litres.

El mil·lilitre

El **mil·lilitre (mL)** és una unitat molt més petita que el litre, que també serveix per mesurar el volum dels líquids.

1 L = 1000 mL

Un cub que tingui 1 cm d'aresta es podrà omplir amb 1 mL.

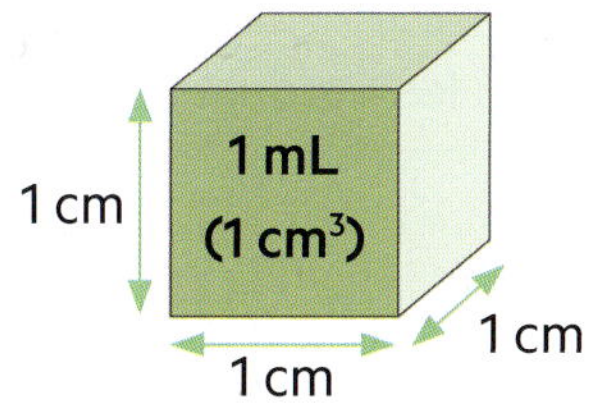

La capacitat de la majoria de recipients petits, com ara els pots de colònia, crema, xampú, etc., es mesura en mil·lilitres.

Per canviar unitats de capacitat, podem fer servir la màquina de canvi transformadora.

ENTRADA	CANVI	SORTIDA
5 L →	$\frac{1000\ mL}{1\ L}$ →	☐ mL

$$5\ L \times \frac{1000\ mL}{1\ L} = 5000\ mL$$

5 × 1000 = 5000

5000 : 1 = 5000 mL

Altres unitats de capacitat

- Observem l'equivalència en litres d'aquestes altres unitats de mesura de capacitat, que són molt poc freqüents:

El quilolitre, 1 kL = 1000 L
L'hectolitre, 1 hL = 100 L
El decalitre, 1 daL = 10 L
El decilitre, 1 dL = 0,1 L
El centilitre, 1 cL = 0,01 L

Unitats de massa

El quilogram

El **quilogram (kg)** és la unitat de massa del sistema internacional de mesures.

Les masses de les fruites i les verdures, de la carn i el peix, del sucre, de l'arròs, de la farina, etc., es mesuren en quilograms.

També s'hi mesura el pes de les persones.

La paraula **quilogram** comença pel prefix **quilo-**, que significa 'mil'. Per tant, un quilogram és 1000 vegades un gram.

El gram

El **gram (g)** és una unitat de massa més petita que el quilogram; concretament, una mil·lèsima part d'aquest.

1 kg = 1000 g

1 mL o 1 cm^3 d'aigua pesa aproximadament 1 g.

La massa d'aquestes fruites seques la mesurem en grams:

Per canviar unitats de massa, podem fer servir la màquina de canvi transformadora.

ENTRADA	CANVI	SORTIDA
5 kg →	$\frac{1000\ g}{1\ kg}$ →	▢ g

$$5\ kg \times \frac{1000\ g}{1\ kg} = 5000\ g$$

$$5 \times 1000 = 5000$$

$$5000 : 1 = 5000\ g$$

La tona

La **tona (t)** és una unitat de massa més gran que el quilogram.
És igual a 1000 kg.

1 t = 1000 kg

Altres unitats de massa

- Observem l'equivalència en quilograms d'aquestes altres unitats de mesura de massa, que són molt poc freqüents:

El **miriagram**, 1 mag = 10 kg
El **quintar mètric**, 1 q = 100 kg
L'**hectogram**, 1 hg = 100 g
El **decagram**, 1 dag = 10 g
El **decigram**, 1 dg = 0,1 g
El **centigram**, 1 cg = 0,01 g
El **mil·ligram**, 1 mg = 0,001 g

Mesurem la capacitat

- Un bric de llet conté, aproximadament:

1 mL   1 L   10 L

- Una ampolla de xampú té una capacitat aproximada de:

300 mL   3 L   30 L

- Un got de suc de taronja conté, aproximadament:

250 mL   2,5 L   250 L

- Una garrafa d'aigua té una capacitat aproximada de:

50 mL   5 000 mL   500 mL

- Una ampolla de detergent té una capacitat aproximada de:

75 mL   75 L   750 mL

Mesurem la massa

▶ Una llibreta pesa, aproximadament:

80 g | 0,8 kg | 8 kg

▶ Un préssec pesa, aproximadament:

150 g | 1,5 kg | 3 000 g

▶ Aquesta noia pesa, aproximadament:

60 kg | 16 kg | 2 000 g

▶ Una bicicleta com aquesta pesa, aproximadament:

2 kg | 12 kg | 1000 g

▶ Un gall pesa, aproximadament:

10 g | 100 g | 1 kg

3 ESPAI I FORMA
Mesura

4

RESOLUCIÓ DE PROBLEMES

RESOLEM PROBLEMES ARITMÈTICS

Moltes vegades hem de resoldre situacions en què intervenen nombres i operacions.

Aquestes situacions s'anomenen **problemes aritmètics**.

Els problemes aritmètics solen ser exercicis de càlcul en què, després de llegir un enunciat i la corresponent pregunta, s'ha d'escollir quines són les operacions de suma/resta o multiplicació/divisió que es necessitaran per poder trobar una resposta correcta.

La classe de matemàtiques

ENUNCIAT

A la classe de matemàtiques fem servir 2 geoplans per cada 3 infants.

PREGUNTA

Si a la classe som 24, quants geoplans necessitem?

Podem resoldre problemes aritmètics seguint aquestes accions:

1 LLEGIM ATENTAMENT L'ENUNCIAT

- Quines dades coneixem?
- Què ens pregunten? Què hem de descobrir?

2 PLANIFIQUEM COM RESOLDRE EL PROBLEMA

- Com podem resoldre el problema?
- Es pot resoldre fent un esquema, un dibuix o un gràfic?
- Cal fer alguna operació matemàtica per resoldre'l? Quina o quines farem?

3 RESOLEM EL PROBLEMA

- Resolem el problema: calculem la solució amb l'operació o operacions escollides i la comprovem.

▶ **Inventem altres situacions semblants i proposem que altres persones les solucionin.**

PENSEM

Seguim les accions:

1 LLEGIM ATENTAMENT L'ENUNCIAT

- **Quines dades coneixem?**
  - A classe som 24 nens i nenes.
  - Fem servir 2 geoplans per cada 3 infants.
- **Què ens pregunten? Què hem de descobrir?**
  - Quants geoplans necessitem.

2 PLANIFIQUEM COM RESOLDRE EL PROBLEMA

- **Com podem resoldre el problema?**
  - Podem fer servir l'estratègia de transformació/canvi.

entrada a la situació ⟶ 24 infants

transformació/canvi ⟶ 2 geoplans corresponen a 3 infants

sortida de la situació ⟶ ▢ geoplans

- **Es pot resoldre fent un esquema, un dibuix o un gràfic?**
  - Dibuixarem la màquina transformadora.

ENTRADA		CANVI		SORTIDA
24 infants	⟶	2 geoplans / 3 infants	⟶	▢ geoplans

- **Cal fer alguna operació matemàtica per resoldre'l? Quina o quines farem?**

+ − × :

FEM

3 RESOLEM EL PROBLEMA

- **Resolem el problema: calculem la solució i la comprovem.**

$24 \times \frac{2}{3} = 16$

$24 : 3 = 8$

$8 \times 2 = 16$

RESPOSTA

Necessitarem 16 geoplans.

ENUNCIATS AMB TAULES

Les classes de cinquè i sisè

ENUNCIAT

Aquesta taula mostra el nombre de nois i noies de les classes de cinquè i sisè de la meva escola. Observa la taula i contesta les preguntes de sota.

Curs	Noies	Nois
Cinquè A	12	6
Cinquè B	8	16
Sisè A	17	5
Sisè B	12	12

PREGUNTES

Quantes noies hi ha entre cinquè A i sisè A?

Quants alumnes fan cinquè?

Quants nois hi ha entre els dos cursos?

Quants nois hi ha entre cinquè A i sisè A?

Quants nois hi ha a sisè?

Quants nois hi ha a cinquè?

Quants alumnes fan sisè?

Quantes noies hi ha a sisè?

Quants alumnes hi ha entre els dos cursos?

Quantes noies hi ha entre els dos cursos?

Quantes noies hi ha entre cinquè B i sisè B?

Quantes noies hi ha a cinquè?

Quants nois hi ha entre cinquè B i sisè B?

ENUNCIATS AMB GRÀFICS

Aficionats als esports

ENUNCIAT

Observem el gràfic, que mostra l'afició dels alumnes d'una escola a diferents esports, i contestem les preguntes de sota.

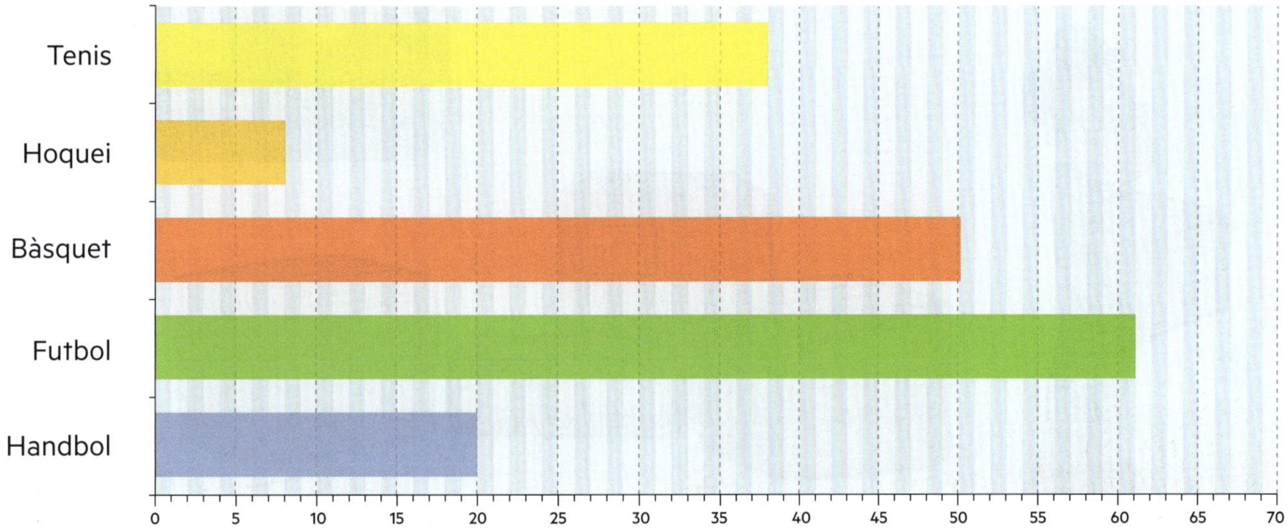

PREGUNTES

Quants aficionats al bàsquet hi ha?

Quants aficionats a l'hoquei hi ha?

Quants aficionats al futbol hi ha?

Quants aficionats al futbol hi ha més que aficionats a l'hoquei?

Quants aficionats al bàsquet hi ha més que aficionats a l'handbol?

Quants alumnes són aficionats al bàsquet i a l'handbol?

Quants alumnes són aficionats al futbol i al tenis?

De quants n'hi ha més: d'aficionats al bàsquet i al tenis o d'aficionats al futbol i a l'handbol?

ENUNCIATS AMB IMATGES I DADES NUMÈRIQUES

Al magatzem

ENUNCIAT

En Gerard sap que un muntacàrregues pot suportar un pes màxim de 60 kg. Sabem que hi ha carregat dos d'aquests paquets.

PREGUNTA

Quins són els paquets que en Gerard ha pogut carregar al muntacàrregues?

Troba totes les respostes possibles.

▶ Inventem un problema diferent de l'anterior amb les caixes d'aquesta nova imatge. Hem d'escriure un enunciat i una pregunta, i després resoldre el problema.

Resolem aquests problemes tenint en compte les imatges i dades numèriques que surten als enunciats i preguntes:

1 Observem la imatge. Quants maons hi ha visibles en aquesta construcció? Quants n'hi ha en total? Què passaria si hi hagués 5 files en la construcció i no 4?

2 Soc un nombre més petit que 20. Si de la meva meitat en restes 2, obtindràs el mateix resultat que si al meu terç hi sumes 1. Quin nombre soc?

3 La família Bragulat està composta per 6 persones. Cada membre fa un regal als altres familiars. Quants regals hi haurà? I si a la família fossin 12 persones?

4 A la granja de la Núria hi ha gallines i conills. Aquests animals tenen en total 22 ulls i 36 potes. Quantes gallines hi ha? Quants conills?

5 Per numerar les pàgines d'un llibre s'han necessitat 555 xifres. Quantes pàgines té el llibre? Quants nombres 5 s'han utilitzat?

RESOLEM PROBLEMES MATEMÀTICS

Sovint, en matemàtiques hem de donar respostes a moltes investigacions de situacions de numeració, càlcul, geometria o mesura. Per resoldre-les, ens pot ajudar trobar patrons, elaborar hipòtesis, deduir possibles solucions... Aquestes situacions matemàtiques les anomenem **problemes matemàtics**.

Per resoldre problemes matemàtics, necessitem posar en pràctica les competències i estratègies següents (segons el cas):

Competències	Estratègies
CONJECTURAR • Elaborar hipòtesis. • Argumentar les deduccions.	• Assaig-error • Conjectura • Deducció • Regularitats • Combinació
COMUNICAR • Entendre el que s'ha de fer: llegir i conversar. • Representar i codificar, fent servir símbols, gràfics i esquemes. • Saber fer servir ordinadors i calculadores.	• Codificació
CONNECTAR • Relacionar la informació que se'ns dona amb els coneixements matemàtics i no matemàtics d'altres àmbits que tenim.	• Organització • Discriminació • Observació • Particularització • Automatització

▶ **Proposem de resoldre un problema de codificació a la pàgina següent.**

A LA BIBLIOTECA

Cada mes els alumnes de cinquè van a la biblioteca de l'escola a demanar llibres. La Lia, la Paula, en Tomàs i en Jaume han encarregat 2, 3, 4 i 7 llibres. Quants llibres ha demanat cada un?

PISTES

1. La Paula ha demanat més llibres que en Tomàs i en Jaume, però menys llibres que la Lia.
2. En Jaume ha demanat més llibres que en Tomàs.

Si llegim amb atenció la primera pista podem saber que la Lia és la que ha demanat més llibres, 7.

Així podem deduir que la Paula ha demanat 4 llibres.

Després de marcar les caselles corresponents, pintem les caselles que ja no poden ser.

	2	3	4	7
Lia				●
Paula			●	
Tomàs				
Jaume				

Ara llegim la segona pista i marquem quants llibres ha demanat en Jaume.

Tot seguit, pintem les caselles que ja no poden ser.

	2	3	4	7
Lia				●
Paula			●	
Tomàs				
Jaume		●		

Finalment, marquem quants llibres ha demanat en Tomàs.

	2	3	4	7
Lia				●
Paula			●	
Tomàs	●			
Jaume		●		

COL·LECCIÓ DE CROMOS

La Ruth diu a la seva amiga Ainoa: «Tinc un munt de cromos de futbolistes. En tinc més de 40, però no arriben a 50. Si els compto de 5 en 5, me'n sobren 2; si els compto de 4 en 4, me'n sobren 3».

Quants cromos té la Ruth?

Llegim l'enunciat. Per ajudar-nos, podem agafar 50 cromos i seguir els passos del problema.

Comencem amb la segona part del problema: «Si els compto de 5 en 5...».
Escrivim la sèrie del 5.

5, 10, 15, 20, 25, 30, 35, 40, 45, 50, 55, 60, 65, 70, 75...

Seguim: «... me'n sobren 2.» i escrivim la sèrie del 5 sumant 2 a cada nombre.

7, 12, 17, 22, 27, 32, 37, 42, 47, 52, 57, 62, 67, 72, 77...

Continuem llegint: «Si els compto de 4 en 4...» i escrivim la sèrie del 4.

4, 8, 12, 16, 20, 24, 28, 32, 36, 40, 44, 48, 52, 56, 60, 64, 68, 72...

Finalment, llegim: «... me'n sobren 3.» i escrivim la sèrie del 4 sumant 3 a cada nombre.

7, 11, 15, 19, 23, 27, 31, 35, 39, 43, 47, 51, 55, 59, 63, 67, 71, 75...

Observem els nombres comuns de les dues sèries i ens fixem que deia: «En tinc més de 40, però no arriben a 50.»
Detectem els nombres comuns entre 40 i 50 de les dues sèries.

7, 12, 17, 22, 27, 32, 37, 42, 47, 52, 57, 62, 67, 72, 77...
7, 11, 15, 19, 23, 27, 31, 35, 39, 43, 47, 51, 55, 59, 63, 67, 71, 75...

Quin nombre comú hi ha dins d'aquesta franja?

RECTANGLES I PUNTS

Louis Braille és l'inventor d'un sistema de lectura mitjançant el tacte que fan servir les persones cegues. Per crear-lo, va veure que necessitava una sèrie de col·locacions diferents de punts dins d'una figura en particular. La figura que va escollir va ser un rectangle de 2 × 3 en què podia posar un, dos, tres, quatre, cinc o sis punts en relleu.

1. En primer lloc, havia d'esbrinar de quantes maneres diferents podia col·locar un punt al rectangle de 2 × 3. Va descobrir que n'hi havia sis:

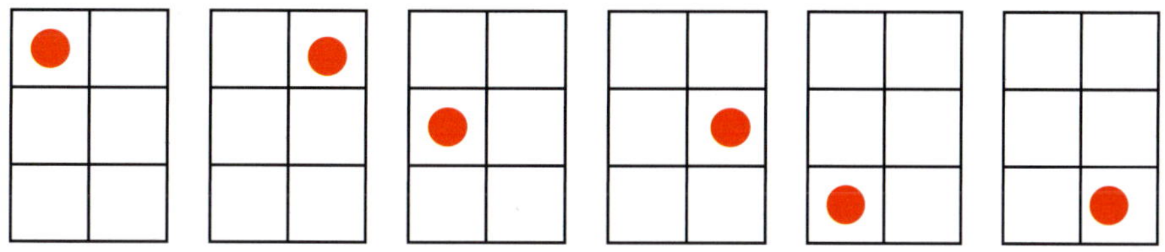

? De quantes maneres podia col·locar dos punts?

Utilitzem aquests rectangles per esbrinar-ho i, després, continuem en un paper quadriculat:

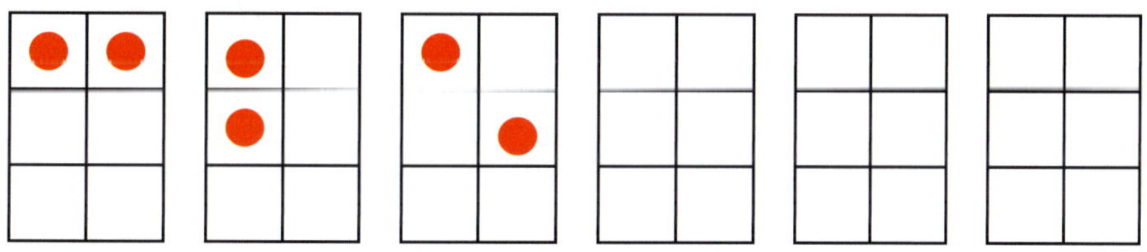

? De quantes maneres es poden posar tres, quatre, cinc i sis punts?
I de quantes es poden posar zero punts?

2. Investiguem ara de quantes maneres es poden col·locar punts en un rectangle de 3 × 2.
3. Si cada col·locació de punts representés una lletra de l'alfabet, un signe de puntuació o un nombre, Louis Braille ho hauria aconseguit amb un quadrilàter de 2 × 2 o de 5 × 1?
4. Quantes col·locacions diferents es poden obtenir amb un rectangle de 7 × 1?

CONSTRUCCIÓ DE PILES DE CUBS

Fent servir 20 cubs, hem de construir quatre piles de manera que la primera tingui 4 cubs més que la segona; aquesta, 1 cub menys que la tercera, i la quarta, el doble que la segona.

Per resoldre aquest problema farem servir una taula amb les piles i el total de cubs.

Posem 1 cub a la segona pila.
- A la primera s'han de posar 4 cubs més (5).
- A la tercera pila n'hi ha un més que a la segona (2).
- A la quarta pila, el doble que a la segona (2).

Sumem els cubs que hem de repartir entre les 4 piles. Són 10.

Pila 1	Pila 2	Pila 3	Pila 4	Total
5	1	2	2	10

Seguim el mateix procediment posant 2 cubs a la segona pila. Sumem els cubs. Són 15.

Pila 1	Pila 2	Pila 3	Pila 4	Total
5	1	2	2	10
6	2	3	4	15

Omplim la tercera fila suposant que a la segona pila hi ha 3 cubs. Sumem els cubs.

Pila 1	Pila 2	Pila 3	Pila 4	Total
5	1	2	2	10
6	2	3	4	15
7	3	4	6	20

Quants cubs surten en total?

COMBINACIONS DE RETOLADORS I LLAPIS

En Julià ha comprat retoladors i llapis.

- Un llapis val 1 €.
- Un retolador val 3 €.
- En Julià ha comprat 8 coses en total.

Quantes combinacions possibles es poden fer?

Calculem cada cop el preu total de cada una.

Per resoldre aquest problema podem elaborar una taula per posar-hi totes les combinacions possibles que pot fer en Julià.

Preu total	Combinacions possibles
22	

Quantes combinacions possibles es poden fer?

NOMBRES SENARS

Trobem la suma de tots els nombres senars més petits de 50.

Comencem resolent qüestions més senzilles.

- Quina és la suma dels dos primers nombres senars?
- Quina és la suma dels tres primers nombres senars?

Continuem sumant els primers nombres senars i fem una taula per recollir les dades. Observem alguna regularitat entre la primera i la tercera columna de la taula?

Nombre	Sumes	Total
1	1	1
2	1 + 3	4
3	1 + 3 + 5	9
4	1 + 3 + 5 + 7	16
5	1 + 3 + 5 + 7 + 9	25
6	1 + 3 + 5 + 7 + 9 + 11	36
7	1 + 3 + 5 + 7 + 9 + 11 + 13	49

Continuem aquestes sèries de sota i responem:

- Quants nombres hi ha entre l'1 i el 50?
- Quants nombres senars hi ha entre l'1 i el 50?

1, 2, 3, 4, 5..., 46, 47, 48, 49, 50 — 50 nombres

1, 3, 5, 7..., 49 — 25 nombres

Completem la fila de la taula corresponent al nombre 25 sense fer les sumes.

Nombre	Sumes	Total
25		

Quina relació observem entre els nombres de la primera columna i la tercera?

NOMBRES CAPICUA

Investiguem els **nombres capicua**, que també es poden anomenar **palíndroms**. Això vol dir que es llegeixen igual tant si es comença pel principi com pel final.

Triem un nombre, per exemple, el 342. En capgirem els dígits (243) i sumem els dos nombres:

$$\begin{array}{r} 342 \\ +\ 243 \\ \hline 585 \end{array}$$

El 585 és un nombre capicua: es llegeix igual tant si es comença pel principi com pel final.

Ara provem-ho amb un altre nombre, per exemple, el 152. Donem la volta als dígits (251) i els sumem. El resultat, 403, no és un capicua, i per això tornarem a repetir el procés anterior.

$$\begin{array}{r} 152 \\ +\ 251 \\ \hline 403 \end{array} \qquad \begin{array}{r} 403 \\ +\ 304 \\ \hline 707 \end{array}$$

Ara sí, 707 és un capicua! Per arribar a aquest nombre, hem hagut de fer dos passos.

Ara provem-ho amb un altre nombre: 154.

Dona com a resultat un palíndrom? Quants passos hem fet?

Passa el mateix amb tots els nombres?

Investiguem i prenem nota dels resultats.

Per a alguns nombres fan falta molts més passos per arribar a un palíndrom o capicua.

Provem-ho finalment amb el nombre 98, però assegurem-nos de tenir prou paper!

CAPSES, LLAPIS I BOLÍGRAFS

Tenim 10 capses: 5 contenen llapis; 4, bolígrafs, i en 2 hi ha llapis i bolígrafs.

Quantes capses estan buides?

Per resoldre aquest problema farem servir un esquema.

Dibuixem i omplim primer les dues capses on hi ha llapis i bolígrafs.

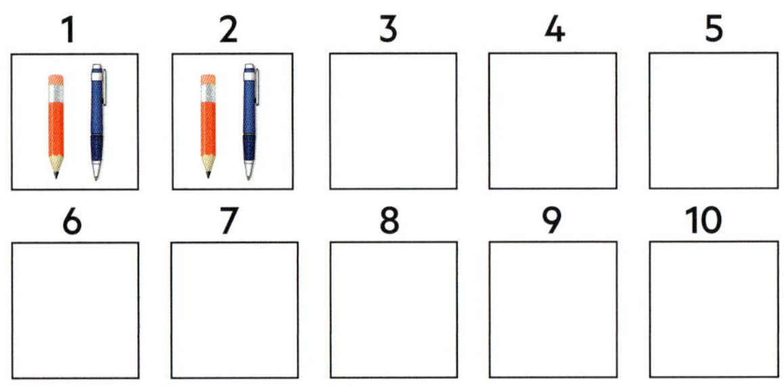

Sabem que hi ha 5 capses amb llapis. Omplim 3 capses més amb llapis. Així tindrem aquestes 5 capses:

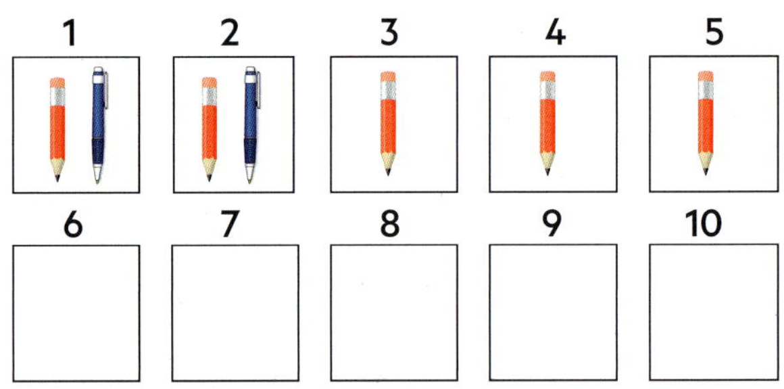

Sabem que hi ha 4 capses que contenen bolígrafs. Omplim 2 capses més amb bolígrafs. Així tindrem aquestes 7 capses:

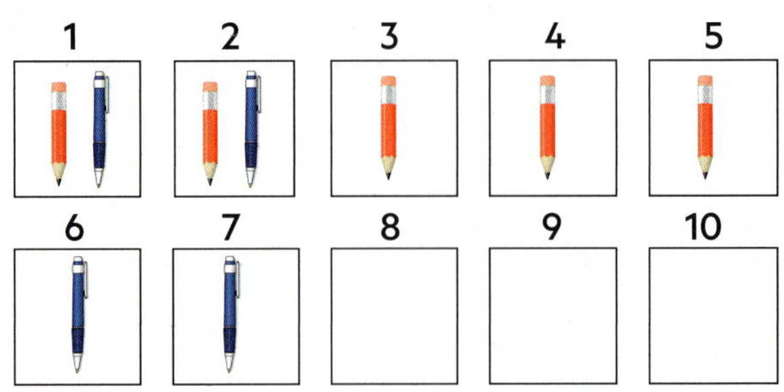

Quantes capses queden buides?

L'EDAT DE LA MARE I DE LA FILLA

La Daniela i la seva filla Aina tenen, en conjunt, 55 anys. Les edats de totes dues estan compostes per les dues mateixes xifres, però col·locades a l'inrevés.

Quina és l'edat de la Daniela i de l'Aina?

Per resoldre aquest problema farem servir una taula.

Comencem suposant l'edat de la filla, l'Aina.

Suposem que l'Aina té la mínima edat de dues xifres, és a dir, 10 anys.

Provem-ho també amb 11 i 12 i fem els càlculs en una taula com aquesta:

Edat de l'Aina	Edat de la Daniela	Suma de les edats
10	1	10 + 1 = 11
11	11	
12	21	

Per què no és possible que l'Aina i la seva mare tinguin aquestes edats?

Provem-ho ara amb 13, 14 i 15.

Edat de l'Aina	Edat de la Daniela	Suma de les edats
10	1	10 + 1 = 11
11	11	
12	21	
13	31	
14	41	
15	51	

Quina edat de l'Aina, sumada a la de la Daniela, dona 55?

ELS PUNTS DEL CERCLE

Observem el cercle, que té sis punts equidistants. Utilitzant el regle i el llapis, unirem els punts i crearem dissenys diferents. Aquí en tenim un exemple:

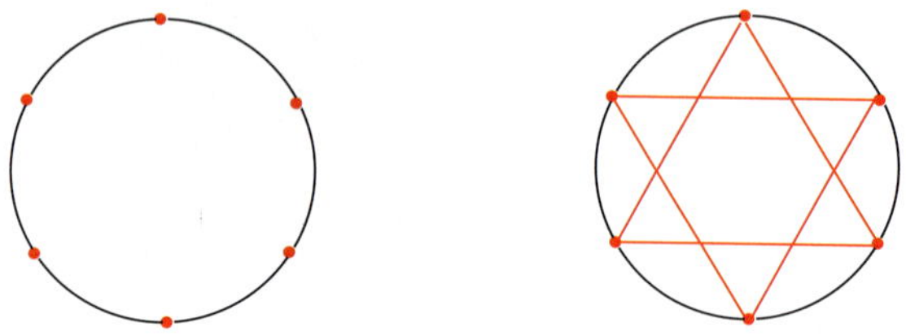

Investiguem a continuació de quantes maneres diferents es poden unir els sis punts complint aquestes regles:

- Només es poden fer línies rectes.
- No es pot aixecar el llapis del paper.
- Les línies només han de passar un cop per cada punt.
- Cada figura ha de ser diferent de les altres, independentment de la posició en què la col·loquem.

Observem aquestes dues figures. Són diferents?

No, són la mateixa figura, vista des de costats diferents. Per tant, compta com a una.

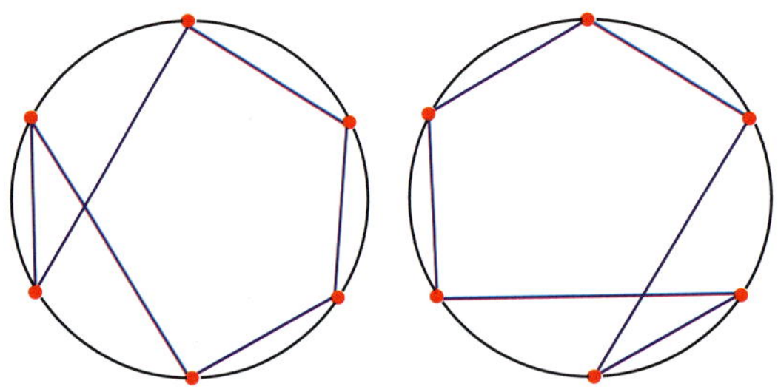

Fixem-nos en aquestes dues figures, que sí que són diferents:

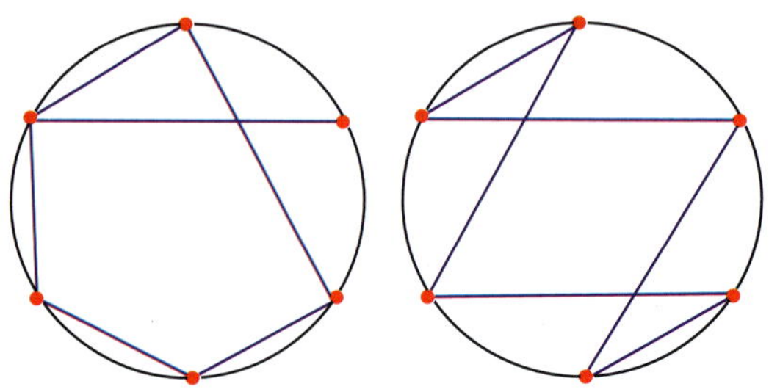

Quantes més en podem dibuixar?

De quantes maneres diferents podem unir els sis punts del cercle?

LES TASSES I LA GERRA

Amb tres tasses d'aigua s'omplen dues cinquenes parts d'una gerra.

Quantes tasses necessitem per omplir la gerra?

Per resoldre aquest problema farem servir esquemes.

Representem una gerra dividida en 5 parts.
Pintem dues cinquenes parts de la gerra, que equivalen a 3 tasses.

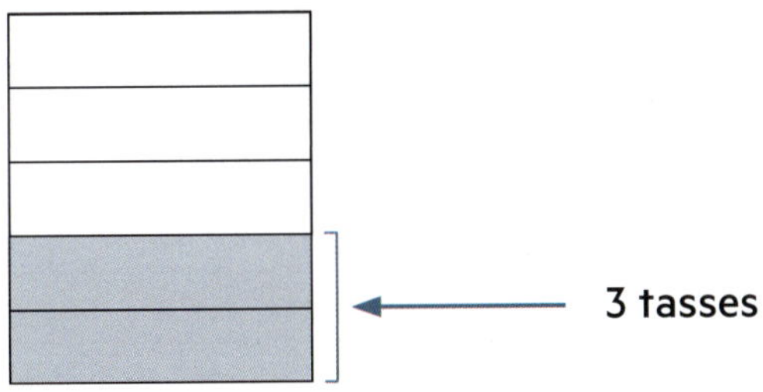

Pintem dues cinquenes parts més de la gerra, que equivalen a 3 tasses més.

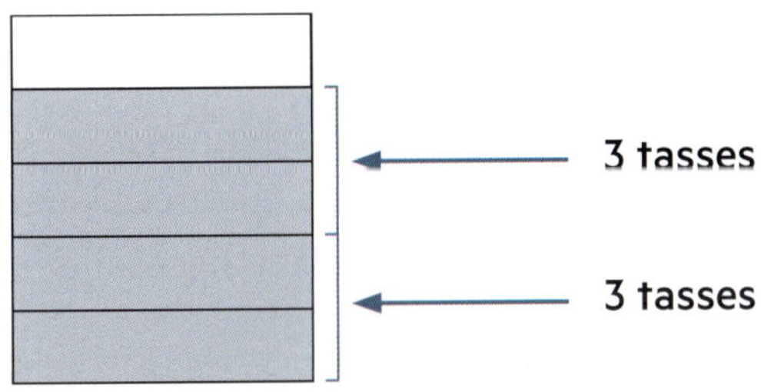

Pintem una cinquena part de la gerra, que és la que ens faltava per pintar.

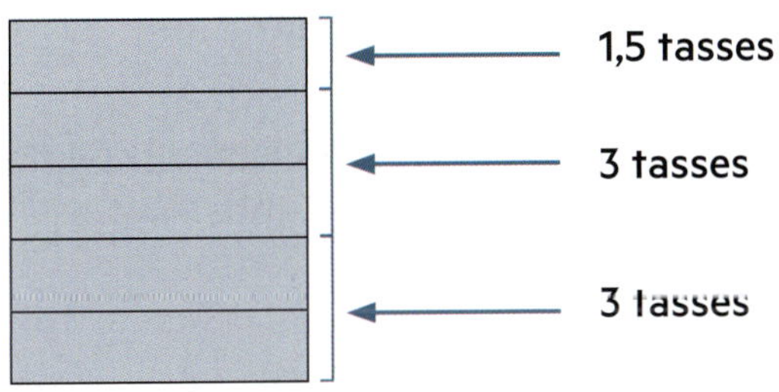

A quantes tasses equival una cinquena part de la gerra?

Sumem les tasses per obtenir-ne la solució.

COMBINACIONS DE MONEDES

Si anem a comprar només amb monedes d'1 i 2 euros, podem pagar alguna cosa que costa 3 euros de tres maneres diferents:

- pagant 1 euro i després 2 euros;
- pagant 2 euros i després 1 euro;
- pagant primer 1 euro, després 1 euro i finalment 1 euro.

Observem la taula. Hi hem posat les diferents maneres de pagar coses que valen 1, 2 o 3 euros. Continuem la taula fins a 5 euros.

Preu	Diferents maneres de pagar	Maneres de pagar
1	1	1
2	2, 1 + 1	2
3	1 + 2 , 2 + 1, 1 + 1 + 1	3
4		
5		

Una vegada hàgim esbrinat totes les respostes fins a 5 euros, veurem que si volem continuar emplenant la taula no podrem, ja que a la columna del centre hi faltarà espai...

En comptes d'això, haurem de trobar unes quantes claus que ens ajudin a omplir les columnes fins al final. També és possible que necessitem una calculadora!

A continuació donem una pista. Aquesta és la seqüència fins a arribar al nombre 144:

1 + 1 + 2 + 3 + 5 + 8 + 13 + 21 + 34 + 55 + 89 + 144

Sumem tots aquests nombres amb la calculadora i comprovem que el resultat és 376. Esbrinem quina relació tenen aquests nombres entre ells.

Si encara no ho sabem, provem de sumar diferents nombres de la columna, posem les respostes per escrit, i mirem si així podem descobrir el secret.

Posem en comú les respostes per veure si hi estem tots d'acord i resolem el problema.

ELS PEIXOS DE L'ESTANY

Imaginem que de cop es duplica el nombre de peixos d'un estany.

A la vegada, s'hi afegeixen 550 peixos més i s'arriba a un total de 1270 peixos.

Quants peixos hi havia, al principi, a l'estany?

Representem, mitjançant un esquema, els peixos que hi ha a l'estany al començament.

Ara representem a l'esquema que es duplica el nombre de peixos i que hi afegim 550 peixos més.

Quants peixos hi ha a l'estany, al final?

Escrivim el nombre total de peixos.

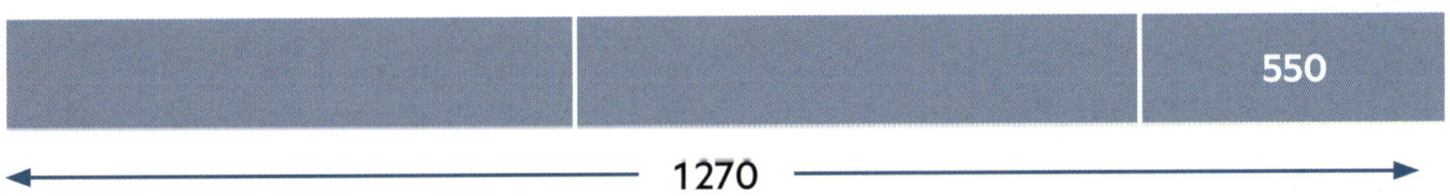

Tot seguit, restem els 550 peixos afegits.

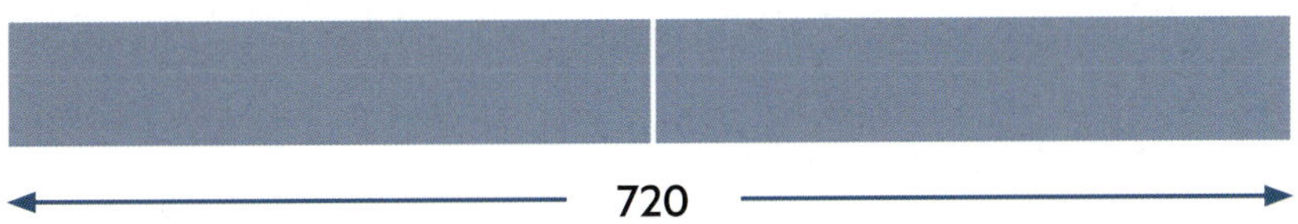

Observem l'esquema i calculem quina és la meitat dels peixos.

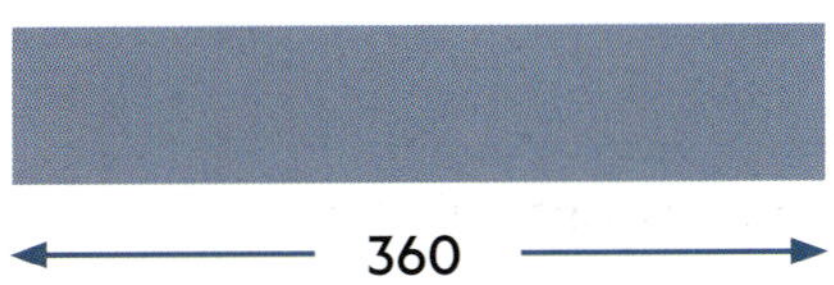

Aleshores, quants peixos hi havia al principi?

RECTES I PUNTS

Farem una investigació sobre rectes i punts.

Fixem-nos que per 2 punts hi passa 1 sola recta.

Si ens donen 3 punts i ens pregunten quantes rectes diferents s'hi poden dibuixar, no podríem respondre, perquè ens haurien de dir com estan situats els tres punts.

Això vol dir que si estan alineats només es podria traçar una recta, però si no ho estan, es poden traçar 3 rectes.

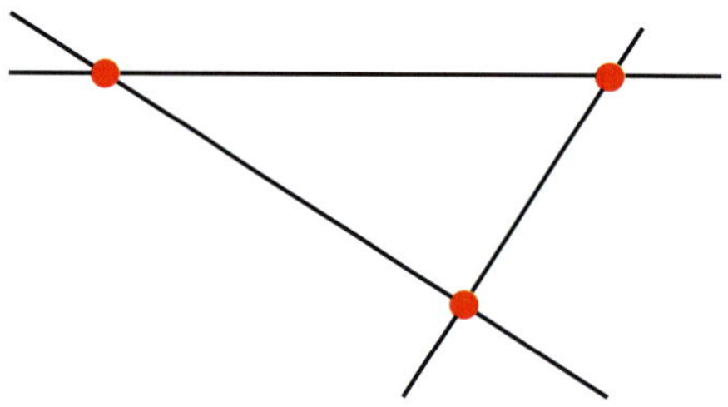

?

Investiguem què passa si s'augmenta el nombre de punts. Quantes rectes diferents podem dibuixar si tenim 4, 5, 6... punts?

Continuem fins on puguem una taula com la següent amb els resultats que surtin:

Nombre de punts	Nombre de rectes diferents que podem dibuixar
1	0
2	1
3	
4	
5	

A LA FIRA

S'ha organitzat una fira benèfica a la ciutat. Els adults paguen 2 euros d'entrada i els infants, 1 euro. S'han recaptat 180 euros.

Quants infants hi han anat si cadascun hi havia d'entrar acompanyat d'un adult?

Fem una taula i hi escrivim les dades de l'enunciat, recordant que un infant entra sempre acompanyat d'un adult.

Adult	Infant	Cadascun paga...	Total
1	1	2 € + 1 €	3 €

Ara calculem el que paguen 2 adults i 2 infants, així com 3 adults i 3 infants.

Adult	Infant	Cadascun paga...	Total
1	1	2 € + 1 €	3 €
2	2	4 € + 2 €	6 €
3	3	6 € + 3 €	9 €

Continuem la taula i pensem: si quan entren 6 adults i 6 infants es recapten 18 euros, quants adults i quants infants han anat a la fira si s'han recaptat 180 euros?

Multipliquem per 10 totes les caselles de la fila de 6 adults i 6 infants.

Adult	Infant	Cadascun paga...	Total
1	1	2 € + 1 €	3 €
2	2	4 € + 2 €	6 €
3	3	6 € + 3 €	9 €
4	4	8 € + 4 €	12 €
5	5	10 € + 5 €	15 €
6	6	12 € + 6 €	18 €
↓	↓	↓	↓ × 10
60	60	120 € + 60 €	180 €

Quants infants van a la fira, doncs?

NOMBRES MÉS PETITS QUE 1000

Calculem quants nombres hi ha més petits que 1000 les xifres dels quals sumin 4.

Per resoldre aquest problema comencem resolent una qüestió senzilla:

? Si són nombres inferiors a 1 000, quantes xifres tindran?

Pensem un nombre les xifres del qual sumin 4 més fàcilment.

Canviem les xifres d'ordre: 4, 0, 0.

Quantes possibilitats hi ha de sumar 4?

400

4 + 0 + 0 = 4

400
040
004

→ **3 possibilitats**

Observem un altre nombre les xifres del qual sumin 4.

310

3 + 1 + 0 = 4

310
301
130
103
031
013

→ **6 possibilitats**

Fixem-nos en un altre nombre les xifres del qual sumin 4.

211

2 + 1 + 1 = 4

211
121
112

→ **3 possibilitats**

I vegem-ne un últim nombre.

202

2 + 0 + 2 = 4

202
022
220

→ **3 possibilitats**

? Hi ha més nombres més petits que 1 000 les xifres dels quals sumin 4?

Quantes possibilitats surten en total?

TÈCNIQUES PER COMPTAR QUADRATS

Farem una investigació amb diferents quadrats.

Quants quadrats hi ha aquí? 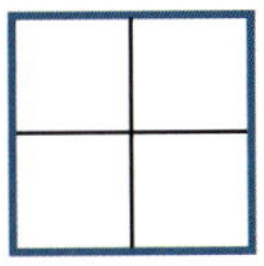

N'hi ha 5.

4 d'aquesta mida  i 1 d'aquesta altra 

1. Seguim el procés anterior i comptem els quadrats que hi ha en aquesta figura: 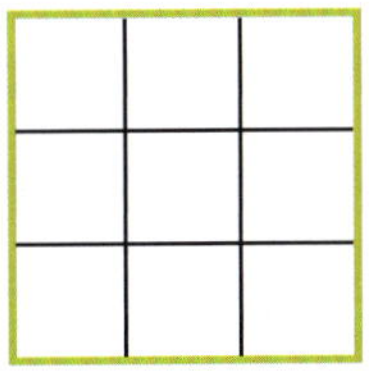

Quants quadrats hi ha d'aquesta mida? 

Quants quadrats hi ha d'aquesta altra mida? 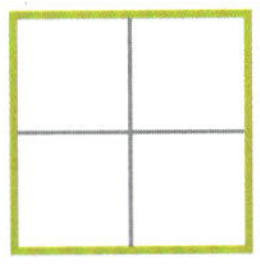

I quants quadrats hi ha d'aquests? 

2. Podem utilitzar un full de paper quadriculat per ajudar-nos a respondre aquestes preguntes. Si ens cal, podem fer una taula per anotar els resultats:

Quants quadrats hi ha en un tauler de 4 × 4?

Quants quadrats hi ha en un tauler de 5 × 5?

I en un de 10 × 10?

Quants quadrats hi ha en un tauler d'escacs?

QUADRATS I COMBINACIONS

Dibuixem dos cercles vermells i dos de blaus en un quadre com aquest, de 4 caselles, de manera que no hi hagi dos cercles del mateix color en una mateixa fila ni en una mateixa columna.
Perquè sigui més fàcil, podem fer servir els nombres 1 i 2.
De quantes maneres diferents es pot fer?

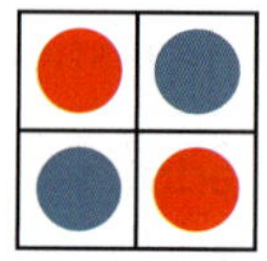

1	2

1. Fem el mateix amb un quadrat de nou caselles. Hi hem de posar tres cercles vermells, tres de blaus i tres de verds, respectant les mateixes regles que abans. En lloc de cercles, podem fer servir els nombres 1, 2 i 3.

1	2	3

? De quantes maneres diferents es pot fer?

2. Ara fem-ho amb un quadrat de 16 caselles. Utilitzem els nombres 1, 2, 3 i 4. Recordem que no poden aparèixer dos nombres iguals en una mateixa fila o columna. A més, ara tampoc no es podran repetir en les dues diagonals principals.

1	2	3	4

? De quantes maneres diferents es podria aconseguir el que es demana?
Trobem sis solucions diferents.

3. Finalment, intentem omplir un quadrat de 25 caselles. En aquest cas tampoc no poden aparèixer nombres iguals en les diagonals tant principals com no principals.

1	2	3	4	5

? De quantes maneres diferents es pot fer?
Trobem cinc solucions diferents.

EL PREU DE LES TARONGES

Una caixa de taronges valia 6 euros. Com que n'hi havia massa, n'han tret 3 quilos i ara val 4 euros i 20 cèntims. Quant pesava la caixa abans de treure'n aquestes taronges?

Representem la caixa, que val 6 euros.

6 €

Si en traiem 3 quilos de taronges, ara val 4,20 euros.

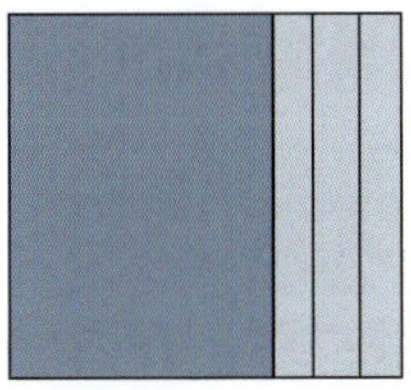

4,20 €

Calculem quant val la part de la caixa que hem tret.

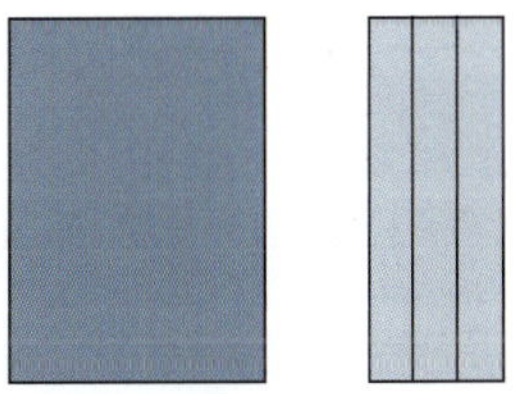

Els 3 kg valen... 6 € – 4,20 € = 1,80 €

Ara calculem quant val un quilo de taronges.

Si 3 kg valen 1,80 €, 1 kg val...

1,80 € : 3 kg = 0,60 €/kg

Si un quilo val 0,60 euros i la caixa de taronges valia 6 euros, quant pesava inicialment la caixa?

Si la caixa valia 6 €, pesava...

6 € : 0,60 €/kg = 10 kg

LA BIBLIOTECA DE L'ESCOLA

A la biblioteca de l'escola de l'Adriana hi ha un armari de tres prestatges: en el primer es col·loca una certa quantitat de llibres; en el segon, el doble de llibres que en el primer, i en el tercer, 5 més que en el segon.

Si en total es col·loquen 115 llibres, quants llibres hi ha a cada prestatge?

Representem amb un esquema el que llegim de l'enunciat pas a pas.

Comencem per representar en un rectangle la quantitat de llibres del primer prestatge, que no se sap.

Tot seguit, dupliquem el rectangle representant el segon prestatge, que té el doble de llibres que el primer.

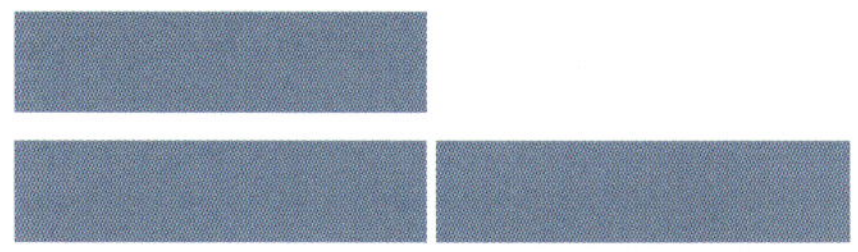

Ara representem el que diu sobre el tercer prestatge i afegim 5 llibres més a l'esquema.

A continuació englobem l'esquema i escrivim el nombre total de llibres que hi ha: 115.

Per saber quants llibres hi ha a cada prestatge hem de restar-ne els 5 llibres.

Quants rectangles hi ha?

Quant val un rectangle?

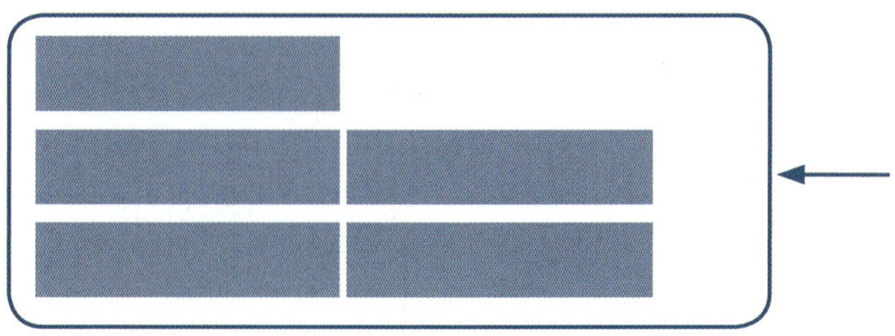

115 – 5 = 110

110

110 : 5 = 22

Quants llibres hi ha al primer prestatge? I al segon? I al tercer?

MANERES DE PINTAR QUADRATS

Ara pintarem quadrats. Per fer-ho correctament, cadascun dels quadrats ha d'estar acolorit d'una manera diferent.

De quantes maneres diferents podem acolorir les caselles d'aquests quadrats?

Podem fer servir un sol color?

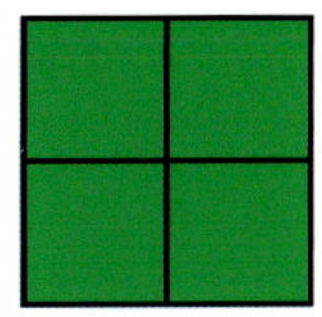

Aquests són diferents?

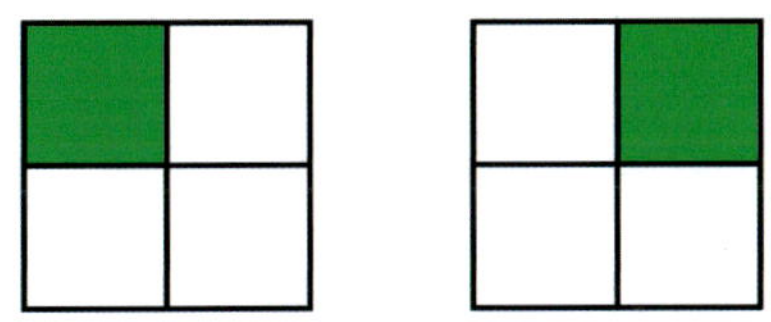

I aquests, són diferents?

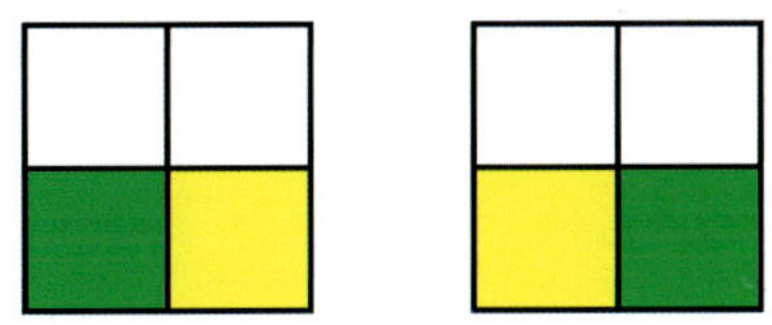

Quantes maneres diferents d'acolorir hem trobat?

Pintem caselles en uns quadrats com aquest per esbrinar-ho:

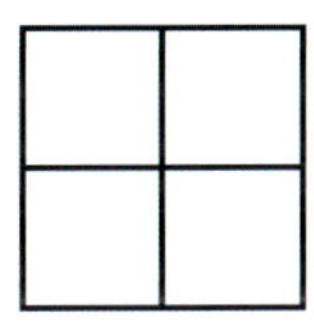

La reproducció parcial o total d'aquesta obra per qualsevol procediment, compresos la reprografia i el tractament informàtic, i la distribució d'exemplars mitjançant lloguer o préstec públic queden rigorosament prohibides sense l'autorització escrita dels titulars del copyright, tret de les excepcions previstes per la llei, i estaran sotmeses a les sancions establertes per aquesta. Dirigiu-vos a CEDRO (www.conlicencia.com) si necessiteu fotocopiar o escanejar algun fragment d'aquesta obra.

Aquesta obra ha estat impresa en paper ecològic i totalment reciclable.

Advertiment
D'acord amb la llei, aquest llibre no és un material fungible. Per tant, els exercicis que s'hi proposen no s'han de resoldre in situ, sinó en un paper o una llibreta. Si al llibre hi ha espais en blanc, requadres buits o línies de punts, és simplement perquè l'alumnat tingui un model o una pauta de resolució.

ProDigi és un desenvolupament de Teide amb l'empresa tecnològica Saak DCS i l'equip de recerca pedagògica del mètode quinzet derive

Il·lustració de la coberta
Sr. López

Il·lustracions
Julilustrador

Disseny gràfic
Marta Isorna, Martirià Pagès

Maquetació
Punt i Coma SL

Fotografies
ACI, AGE Fotostock, Arxiu Teide, Josep Maria Barres, Getty Images, Albert Heras, Pepino de Mar Studio, Enric Real, Lluís Segarra, Shutterstock

Primera edició, 2022

© Ll. Segarra, 2022
© Editorial Teide SA - Viladomat, 291 - 08029 Barcelona
info@editorialteide.com
www.editorialteide.com

ISBN: 978-84-307-4129-8
Dipòsit legal: B 8031-2022
Imprès a Índice SL

Entorn digital

Totes les propostes didàctiques del mètode quinzet derive de Matemàtiques es poden treballar en format digital de manera col·lectiva a l'aula o en dispositius personals.

Vídeo de suport didàctic